D1692655

Als ich auf die Erde kam

www.heide.at

Heide Maria Huber
Als ich auf die Erde kam

herausgegeben von:

© Heide Maria Huber
4441 Behamberg
Austria
Homepage: www.heide.at
E-Mail: heide@heide.at

ISBN 3-9501345-2-2

1. Auflage 2006

Umschlaggestaltung:
Heide Maria Huber/Nova Druck

Nova Druck, Ternberg

Alle Rechte vorbehalten.
Nachdruck, auch auszugsweise, nicht gestattet.

ALS ICH AUF DIE ERDE KAM

Lyrische Gedanken und Gedichte zur Unterstützung
für Sinnfindung und Selbstentfaltung

*Liebe Christine, ich wünsche
dir alles Glück dieser Erde.

Herzlichst gewidmet,*

[Signatur]

10.9.2006

Inhaltsverzeichnis

Vorwort 9
Als ich auf die Erde kam 13
Neue Wege im Jetzt 16
Du bist dein Weg 18
Viel zu geschwind 19
Das Leben als Brücke 21
Der Sinn des Lebens 22
Wie eine Quelle 23
Gestern 24
Im Wüstenland 25
Es ist Zeit, wenn 26
Rettet, Helft, Spendet, Spart 27
Gefühlsimpressionen 28
Kleine Ziele 29
Der ideale Freund 30
Ich schicke dir 32
Danke, dass es dich gibt 34
Am Anfang gab es nur die Frau und den Mann... ... 36
Kluge Männer 38
Emanzipation 40
Persönlichkeitsentwicklung 42
Für mich 44
Meine beste Freundin 47
Sag es doch den Sternen 49
Liebe ist wie ein Dorn 51
Liebe, als gegenwärtige Energie 53
Abhängig oder Bedingungslos 54
Was ist Liebe? 55
Die Liebe 56
Liebe macht blind? 57
Verstehe zu lieben 58
Gehst du mit mir? 59
Mit dir 61
Wenn Gott singt 62
In Vaters Garten 63

Seelenreise ... 64
In Engelswelten ... 65
Als die Engel auf die Erde flogen ... 67
Engel riechen wie Blumen ... 70
Der Engel mit sein' Bengel (Mundart) ... 71
Seelenbaum ... 74
Beginn ... 76
Ein Morgen ... 78
Das Sonnenkind ... 79
Rovinj ... 80
Sonnenuntergang am Meer ... 81
Als die Sternschnuppe fiel ... 82
Das Erdenfeuer ... 83
Ich bin der Frieden ... 84
Menschenengel ... 86
Wenn Kinder lieben ... 88
Kinder ... 89
Kinderaugen ... 90
Kinderseelen ... 91
Inspiration durch Anna Lisa ... 92
Der Brief zur Taufe ... 93
Wo ist die Kindheit geblieben? ... 95
Das Kind in dir ... 97
Mutter Erde ... 98
Mutter ... 99
Mutter sein ... 100
Eine ehrenvolle Mutter ... 101
Ist sich die Menschheit des Mutter seins... ... 102
Ehe ... 104
Schenke der Welt ein Lächeln ... 106
Lache dem Licht entgegen ... 107
Lerne dich kennen ... 108
Der Spiegel ... 109
Mach es wie... ... 111
Wenn ich diese Wolke wäre ... 112
Es gibt Menschen ... 113
Menschen gibt es wie Sand am Meer ... 114

Denken, Sprechen, Tun 115
Energieräuber 116
Wichtig ist 117
Nach der Flut 118
Der Rückzug 119
Das Gleichnis am Wasser 120
Geben – das ist Gebet 121
Hast du Zeit? 122
Mondsüchtig und Sonnenhungrig 124
Die Eichel 125
Wege zu sich 128
Über der Stadt 129
Unser schönes Mostviertel (Mundart) 130
Es spricht der See 132
Irrsee Impressionen I 133
Irrsee Impressionen II 134
Leises Seegeflüster 135
Pappelwind 137
Birkenwind 138
Grüne Impressionen 139
Am Berg 140
Lerchenruf 141
Das Blumenkind 142
Im Rosenland 144
Seelenlandschaften 145
Leben als Kunst – Kunst als Leben 147
Zu Ehren des Gedichts 149
Mit dem Herzen 150
Ozean des Lebens 151
Gedanken beim Aberseeblick 153
Stelle das Leben auf den Kopf 154
Werde immer da nur sein 156
Zu Hause 159

Bildnachweis:
Alle Bilder Media Verlagsgesellschaft mbH,
außer Umschlag und auf den Seiten 90, 96, 100 (privat)

Vorwort:

Wir leben JETZT. Eine Zeit der Umbrüche und Veränderungen, auf allen Ebenen. Auf der einen Seite sind wir Getriebene einer globalen Macht, aus der es kein Entkommen zu geben scheint. Dem entgegen steht jedoch eine viel größere Macht - Energie, die alles Leben erst ermöglicht. Und diese Energie ist in jeder einzelnen individuellen Persönlichkeit menschlichen Lebens als höchste Intelligenz verankert. Jeder sucht für sich den Sinn seines Lebens. Zuerst sucht der Mensch außen, doch erst, wenn er dort nicht die Essenz dessen findet was ihn befriedet, beginnt er innen zu suchen. In sich selbst. Es gibt viele verschiedene Wege dort hin zu gelangen. Doch am Ende gibt es nur ein Ziel auf dieser langen Reise des Lebens. Sich bewusst zu werden, wer man ist, dass jeder getragen ist von dieser großen, liebevollen Macht, auch wenn wir die Schritte selber tun, sie trägt uns zur einfachen Einsicht, dass alles, was besteht, aus einer einzigen Absicht geschieht: LIEBE – die Urenergie, aus der alles entstanden ist. Und diese Intelligenz treibt uns voran, in uns zu forschen, in uns zu finden. Jeder nach seinem Tempo, jeder nach seinem Willen. Es gibt viele Wegweiser am Weg nach Innen. Auch wenn es manchmal Umwege sind, die man geht. Man lebt, um Wege zu gehen, um bewusst zu werden. Auch auf Umwegen scheint die Sonne und fällt der Regen. Auch auf Umwegen ist das, was man sieht und erlebt nicht umsonst. Jeder Weg, den man geht, ist der Weg zu sich selbst.
Als Mensch bin auch ich schon viele Wege gegangen, habe viel gesehen, viel gelernt und viel erfahren. Und es ist noch nicht zu Ende. Genau so wie jeder

Mensch, zu seiner Zeit, erlebe ich unglaublich schöne Einsichten durch die Erfahrungen und Beobachtungen des Lebens. Egal wann, nach einer einsamen Wanderung in der Natur, nach Erlebnissen, wie Freude und Trauer, die mir tief zu Herzen gehen, oder einfach nach gründlich durchlebten Emotionen, nach himmelhoch jauchzend, oder nach zu Tode betrübt sein, gebe ich mich vollen Vertrauens dieser unendlichen Kraft dieser höheren Liebe hin und tauche immer wieder in die Quelle des Lebens ein und schöpfe daraus in großer Demut und Dankbarkeit die Worte, die ich als Dichterin und Poetin unserer Zeit bewusst in eine Form bringe, in der sich viele Menschen finden können oder einfach nur ihre Seele laben wollen und viel Kraft und Freude daraus schöpfen können.

Bevor Sie nun die nachfolgenden Gedichte und poetische Gedanken zu sich nehmen, sollten Sie wissen, dass mir die Auswahl in diesem Buch nicht leicht fiel, denn ich musste aus ca. eintausend Texten wählen, die ich in den letzten Jahren schrieb. Es sind „Momentaufnahmen", die ich einmal schrieb und nie änderte. Dieses Buch ist ein poetischer Streifzug einer Dichterseele, die heute lebt.

Heide Maria Huber

DANKE an alle meine Wegbegleiter

Ich lebe und darf sein, wie ich bin

Du lebst und darfst sein, wie du bist

Zusammen sind wir einmalig

Einzeln sind wir liebevoll voll Liebe

Schön, dass wir uns hier begegnen,

in der Zone der freien Interpretation unserer Gedanken!

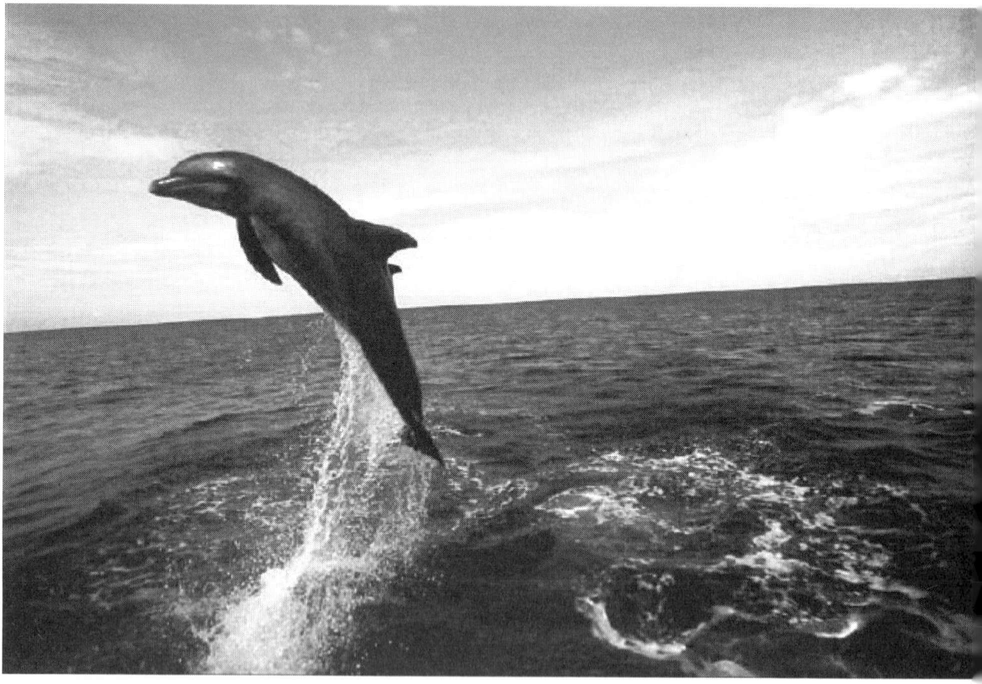

Als ich auf die Erde kam

Als ich auf die Erde kam,
hörte ich die Menschen reden,
doch selten hörten sie einander zu.

Als ich auf die Erde kam,
sah ich wie die Menschen voneinander nehmen,
doch selten gab einer dem anderen das Nötigste.

Als ich auf die Erde kam,
suchte ich bedingungslose Liebe,
doch vielfach stellte sich das Ego vor.

Als ich auf die Erde kam,
suchte ich nach Ordnung,
doch es herrschte vielfach Chaos.

Als ich auf die Erde kam,
wollte ich eine sanfte Landung,
doch der eine Flügel wurde mir gebrochen.

Als ich auf die Erde kam,
dachte ich, es wird hier Ruhe sein,
doch der Lärm erniedrigte die Stille.

Als ich auf die Erde kam,
suchte ich des Friedens Farben,
doch die Gewalt war dunkler noch als Schwarz.

Als ich auf die Erde kam,
suchte ich die berühmten Blumenwiesen,
doch meistens fand ich nur Wüstensand
und Steinhaufen.

Als ich auf die Erde kam,
wollte ich die Freude begrüßen,
doch die Angst um vieles ließ dies nicht zu.

Als ich auf die Erde kam,
wusste ich nicht, worauf ich mich da einließ.
Oder doch?

Als ich auf die Erde kam,
verlor ich die Erinnerung woher ich kam
und wer ich bin.

Aber weil ich auf der Erde bin
und meistens das mich fand, was ich in mir suchte,
stieg die Erinnerung aus mir wieder hoch.

Weil ich auf der Erde bin
und mir einen Seelenflügel brach,
muss ich hier bleiben, bis dieser wieder heilt.

Weil ich auf der Erde bin,
suche ich den Himmel auf ihr
und finde ihn ständig in mir.

Weil ich auf der Erde bin,
will meine Seele nur mehr lieben,
will dir geben, was du brauchst.

Weil ich auf der Erde bin,
strebe ich danach, Liebe zu sein,
weil Liebe nichts will, sondern aus sich lebt.

Weil ich auf der Erde bin,
habe ich mich tausendmal gestochen,
gestochen, bis es nicht mehr weh mir tut.

Weil ich auf der Erde bin,
habe ich unzählbare Erfahrungen gemacht,
um mich in meiner Verwirklichung zu finden.

Weil ich auf der Erde bin,
habe ich gefühlt und geweint,
gelacht und war traurig zugleich.

Weil ich auf der Erde bin, kann ich mir überlegen,
was ich als nächstes mache, auf alle Fälle bleibe ich
jetzt hier und spiele weiter mit.

Bevor ich auf die Erde kam, versprach mir Gott,
dass er immer bei mir ist
und er setzte mich liebevoll auf die Erde nieder.

Bevor ich auf die Erde kam, wusste ich nicht,
dass der schönste Flügel meiner Seele brechen
würde und durch mich wieder Heilung erfährt.

Bevor ich auf die Erde kam, wusste ich,
dies ist nur für kurze Zeit, ich hab es nur vergessen,
jetzt weiß ich es wieder:

Wenn ich von der Erde geh,
sind meiner Seele wieder Flügel gewachsen,
um sich aufzulösen im Hier und Jetzt.

Wenn ich von der Erde geh, bin ich glückselig, weil
sich alle Tugenden der Liebe durch meine Seele
auf der Erde verwirklicht haben.

Neue Wege im JETZT

In Geist, Körper und Seele „Heil werden" –
statt weiter zu verletzen.

Belohnen –
statt strafen.

Vorzüge hervorheben und loben –
statt Schwächen bemängeln.

Zuhören mit offenem Herzen –
statt weghören mit offenen Ohren.

Sich ernst nehmen –
statt achtlos seine Gefühle missachten.

Sich Freude geben –
statt Spaß zu nehmen.

Sich allein sein gönnen –
statt sich einsam in der Masse verschwenden.

Hinsehen mit allen Sinnen –
statt sinnlos wegsehen.

In Farben aufleben –
statt in Schwarz und Weiß unterzugehen.

Glück erschaffen und erkennen –
statt Unglück produzieren und suchen.

Gelebter Traum –
statt gemachter Angst.

Selbsterkenntnis –
statt Selbstmitleid.

Ich bin –
statt wer bin ich.

Einzigartig –
statt werbegerechte Manipulation.

Menschgesteuerte Natürlichkeit –
statt computergesteuerte Künstlichkeit.

Heute, jetzt, der Augenblick –
statt gestern, morgen und damals.

Entscheidungen aus dem Herzen – statt
nicht getroffene Entscheidungen wegen dem Kopf.

Wachstum –
statt Stillstand.

Hinbewegung zur Selbstheilung –
statt „Fortschritte" durch die Wissenschaft.

Das Bewusstsein der Heilung ist da.
Jeder wird den Zeitpunkt selber wählen,
wenn er innerlich dazu bereit ist.

Du bist dein Weg

Sei du selbst und gib in deinem Leben,
was der Schöpfer dir hat mitgegeben.

Sieh dich mit deinen Augen an,
so wie niemand sonst es kann.

Hör in dich, lebe was in dir lebendig ist, bring den
Diamanten zum Strahlen, der du wirklich bist.

Sei auch mal die Rose, die am Stängel sticht,
bevor man dir die schönste Blüte bricht.

Zerrede niemals deine Gaben,
die andere vielleicht nicht haben.

Schweige auch einmal im richtigen Moment
und sei in deinen Zielen konsequent.

Niemand kann dir etwas nehmen,
was du nicht willst,

gib nur das von dir,
was in stillen Momenten du auch wirklich fühlst.

Gehe deinen Weg in kleinen Schritten,
dann brauchst du scheinbar Schnellere nicht bitten,

denn langsam gehen hat den Sinn,
dass du sicher kommst an deine Ziele hin.

Viel zu geschwind

Wir sind wie wir sind,
viel zu geschwind.
Weißt du noch, wie es ist,
wenn du langsam bist?

Wir hetzen und fetzen,
mit dem Auto hin und her,
Sitzen im Auto fällt uns nicht schwer.
Das Auge kann geschwind nicht fassen,
muss an Geschwindigkeiten sich anpassen.

Das Leben schien uns länger,
wären wir nicht so geschwind,
denn wir sind wie wir sind,
viel zu geschwind.

Weißt du noch,
wie stundenlanges Gehen ist?
Weißt du, wie es ist,
wenn du auf die Uhr vergisst?
Wenn Zeiger sich gegen Zeiger drehen,
und wir genau hin wieder sehen?

Doch schon als Kind heißt es oft:
„Geschwind, schnell, schnell und weiter",
gestresst, nur ja nicht heiter.
Gerade fürs Kinder machen ist noch Zeit
und fürs Kind durchs Leben begleiten,
verwenden wir Menschen anderer Zeiten.

Dann fragen wir uns mit den Jahren:
Wo ist die Zeit geschwind geblieben,
während wir im Stresse trieben?

Wir sehen, was wir übersehen, nicht,
wir hören nur,
wenn die Hektik zu uns spricht.
Dabei wäre mancher leise Ton so wichtig,
mancher Augenblick so richtig – sichtig.

Und jedes Kind möchte lange, -
nicht geschwind seine Kindheit leben,
mancher Liebende seiner Liebenden
Liebeszeiten geben.

Doch wir sind wie wir sind,
leider noch immer viel zu geschwind.

Das Leben als Brücke

Leben dient der Notwendigkeit
zur Wandlung.

Leben unterliegt augenblicklichen
immer wieder kehrenden Veränderungen.

Leben ist Wachstum.
Leben ist Tod.

Tod und Sterben
von uberkommenen Mustern.

Wachstum von neuen
und edlen Gedankenmustern.

Leben ist die Hingabe
an das Unerwartete.

Leben ist eine Herausforderung
an sich selbst.

Leben ist Mut.
Leben ist das größte Geschenk.

Leben ist
bewusstes Erfahren.

Leben ist Lebendigkeit!

Der Sinn des Lebens

Die Zeit,
wo wir auf der Welt sind,
sucht jeder nach dem Sinn des Lebens.

Die Zeit,
wo wir nicht mehr auf der Welt sind,
sucht die Welt nach dem Sinn,
den wir ihr gegeben haben.

So hinterlässt jeder
seine eigene Sinnspur,
im Dasein seines eigenen Lebenssinns.

Und natürlich ist jeder,
der Sinn seines ganzen Lebens,
sonst hätte das ganze Leben ja gar keinen Sinn!

Wie eine Quelle

Sein wie eine Quelle,
die im dunklen Schattenreich entspringt,
geschützt vom Erdenreiche,
die Kraft und Klarheit mit sich bringt.
Die unscheinbar durch Wege fließt,
begehrt vom Blumenreiche,
die nahrhaft sich in alle Wurzeln gießt.

Sein wie eine Quelle,
die breit zu einem Bache wird,
gelockt vom Flüssereiche,
die sich immer weiter, voller spürt.
Ihr Fließen im Regen und in Sonnenglut,
geholt vom Himmelreiche,
die feurig rauscht zur Wasserflut.

Sein wie eine Quelle,
die mitnimmt und bestimmt,
nah dem Meeresreiche,
sie Fluss um Fluss ihr Ziel erklimmt.
Von der sich mancher wohl ernährt,
so klar im Sonnenreiche,
von Durstigen sehr wohl begehrt.

Sein wie eine Quelle,
die sich verändert und auch kühlt,
im großen Erfahrungsreiche,
für sich Beständigkeit erfühlt.
Sie fließt und lebt,
im großen Daseinsreiche
und ewig nach Vollendung strebt.

Gestern

Gestern ist wie Schall und Rauch,
verflogen – nicht vergessen,
eine Wurzel mehr an deinem Lebensbaum,
im Heute längst nicht mehr ermessen,
was noch gestern war ein Traum.

Gestern klingt so nah und fern,
ein Teil, der war, ein Teil, der geht,
keine Täuschung mehr am Firmament,
ein Teil, der ewig hier im Mittelpunkt da steht.

Gestern ist nicht weg zu denken,
keine Spur von Ignoranz,
Visionen, die noch gestern waren,
leben heute den Erfüllungstanz.

Gestern ist lautlos gegangen,
ist verschwunden über Nacht,
hat die Schatten überwunden
und dem neuen Tag das Licht gebracht.

Im Wüstenland

Ein See voll Wasser,
ein Fluss von Bewegung,
doch wenn du trinken willst,
fällst du in die Trockenheit
und der Fluss steht plötzlich still.

Ein Land voll Menschen,
beziehungsvolle Orte,
doch wenn du reden willst,
hört kaum jemand zu
und Orte werden beziehungslos.

Wiesen voll Blumen,
Blumen voll Leben,
doch wenn du sie riechen willst,
verwelken sie vor dir
und doch gibt das Leben dir die Hand,
mitten drin im Wüstenland.

Es ist Zeit,

wenn die Angst stärker ist
als das Vertrauen,
wenn der Schatten heller scheint
als das Licht,

wenn das Denken größer ist
als das Fühlen,
wenn mehr Kinder weinen
als Erwachsene miteinander sprechen,

wenn die Sonne kälter strahlt
als der Mond,
wenn die Erinnerungen lebendiger sind
als die jetzt gelebte Gegenwart,

dann ist es Zeit,
die getragenen Kleider auszuziehen,
sich vor den nackten Seelenspiegel
der stillen Einsamkeit zu stellen,

dann ist es Zeit,
sich zu erkennen,
sich anzuschauen,
belastende Lebensmuster aufzulösen

und es ist Zeit,
sich neu zu formatieren
und den neu gestrickten
Lebenspullover überzuziehen.

Rettet – Helft – Spendet - Spart

Rettet das Kind.
Helft den Armen.
Spendet für das Tier.
Spart einfach zusammen auf ein „Wir".

Rettet die Wirtschaft.
Helft der Politik.
Spendet für den Staat.
Spart und verbraucht gerecht die Saat.

Rettet die Sonne.
Helft der Natur.
Spendet für die Not.
Spart euch den widersinnigen Tod.

Rettet das Ich.
Helft euch selbst.
Spendet für eure Zeit.
Spart unnötiges Leid.

Rettet!
Helft!
Spendet!
Spart!

Nehmt euch stets von der Gegenwart.

Gefühlsimpressionen

Ein Tag voller Güte,
ein Leben im Tanz,
erwacht in der Blüte,
Schönheit und Eleganz.

Ein Traum in der Fülle,
ein Licht im Gebet,
gegangene Pfade,
was jeder sich sät.

Gedanken der Freude,
an all das, was war,
doch niemals vergeude,
was doch noch nicht war.

Der Tag in der Zukunft,
ist heute geboren,
was du heute lebst,
ist niemals verloren.

Kleine Ziele

Wenn ich ziellos in die Ferne blicke
und planlos ein kleines Ziel dir schicke,

dann dieses, dass ich an dich denke
und dir liebevolle Gedanken schenke.

Egal, wo du gerade bist,
ob du arbeitest, schläfst oder isst,

du wirst es empfangen
und nach einem größeren Ziel verlangen.

Doch kleine Ziele haben den Sinn,
dass sie bestimmt zu dir gelangen hin.

Dann wird eines Tages
in einem kleinen Ziel die Größe liegen,
um alles Unerreichbare auf zu wiegen.

Denn ein kleines Ziel ist meistens mehr als viel,
weil es beide nur beglücken will.

Der ideale Freund

Der ideale Freund ist ein Mensch,
der nicht nur Stütze ist,
sondern selbst auch an mir Anlehnung findet.

Der ideale Freund ist ein Mensch,
bei dem meine Gedanken ruhen,
ist er auch noch so fern von mir.

Der ideale Freund ist ein Mensch,
der es versteht per Telepathie zu kommunizieren,
ohne nur ein Wort zu verlieren.

Der ideale Freund ist ein Mensch,
der seine Hand um meine Schulter legt,
auch wenn er alle Hände voll zu tun hat.

Der ideale Freund ist ein Mensch,
zu dem man in jeder Situation aufschauen kann,
auch wenn er zuvor Pferde gestohlen hat.

Der ideale Freund ist ein Mensch,
der für mich der Spiegel der Erkenntnis ist,
den ich für mein Wachstum als Einsicht brauche.

Der ideale Freund ist ein Mensch,
der nicht kritisiert, sondern führt
und den Weg aus Schutt und Asche
zu Freude und Blüte zeigt.

Der ideale Freund ist ein Mensch,
der auch in mir seinen Spiegel sieht
und in diesem Spiegel wachsen kann.

Der ideale Freund ist ein Mensch,
der in jeder Situation
ein Mensch bleibt,

der auch mir
all diese Prüfungen
und Herausforderungen gewährt.

Der ideale Mensch ist ein Freund,
der mir all dies
in meiner Erfahrung flüstert:

„Der ideale Freund
ist im Menschen,
suche und finde ihn.

Er wird dich begleiten
und wenn du willst auch führen.
Der ideale Freund ist in dir."

Gott sei Dank habe ich ihn gefunden!

Ich schicke dir

Ich schicke dir ein Herz voll Humor,
damit du lachen kannst.

Ich schicke dir ein Herz voll Liebe,
damit du lieben kannst.

Ich schicke dir ein Herz voll Tränen,
damit du weinen kannst.

Ich schicke dir ein Herz voll Sehnsucht,
damit du dich erfüllen kannst.

Ich schicke dir ein Herz voll Träume,
damit du träumen Kannst.

Ich schicke dir ein Herz voll Sonnenschein,
damit du strahlen kannst.

Ich schicke dir ein Herz voll Freude,
damit du danken kannst.

Ich schicke dir ein Herz voll Güte,
damit du beten kannst.

Ich schicke dir ein Herz voll Seelenrosen,
damit du atmen kannst.

Ich schicke dir ein Herz voll Hoffnung,
damit du glauben kannst.

Ich schicke dir ein Herz voll Gnade,
damit du sehen kannst.

Mein Herz ist gefüllt,
mit Humor, Liebe, Tränen, Sehnsucht,

mit Träumen, Sonnenschein,
Freude, Güte,

mit Seelenblüten,
Hoffnung und Gnade für mich,

damit ich leben
und mich spüren kann

und dich damit berühren kann,
wann immer wir einander begegnen.

Danke, dass es DICH gibt

Deine Fröhlichkeit sprudelt
wie eine frische, klare Quelle aus dir.
Danke, dass ich mich bei dir betrinken darf.

Deine Liebe geht unendlich weit,
von Ewigkeit zu Ewigkeit.
Danke, dass du meiner Seele die Hand reichst.

Deine Gelassenheit ist wie das Seil eines Bogens,
gespannt, unendlich dehnbar, stark und sicher.
Danke, dass ich manchmal dein Pfeil sein darf.

Deine Ausstrahlung ist warm
und herzlich wie die Sonne.
Danke, dass ich dein Strahlen von innen wahr
nehmen darf und mein Gemüt sich an dir wärmt.

Dein Lächeln ist wie das Meer aller Blumen,
die es gibt auf dieser Welt.
Danke, dass du mich an diesen Blumen
schnuppern lässt.

Deine Heiterkeit
ist wie der unbekümmerte Gesang der Vögel,
wie der leichte Sommerwind.
Danke, dass du meine Sinne
damit immer wieder berührst.

Dein Dasein ist so standfest,
wie ein tief verwurzelter Baum.
Danke, dass ich mich an dich lehnen darf
und alles Schwere an mir leicht und frei wird.

Dein ganzes Wesen
ist ein Geschenk des Himmels.
Könnte ich dich nicht sehen,
so würde ich glauben,
du bist mein Schutzengel.

Danke,
dass dir die Flügel auf Erden gewachsen sind
und du für mich aus tiefstem Herzen
erlebbar geworden bist.

Danke, dass es DICH gibt!

**Am Anfang gab es nur die Frau und den Mann
und dann kam das Telefon**

Es heißt, wenn Frauen *miteinander* reden,
dann reden sie über Gott und die Welt.

Es heißt, wenn Männer *untereinander* reden,
sagen sie nur das Nötigste.

Sind die Frauen der Bewusstwerdung näher,
sind sie wacher,
weil sie bei ihren Gesprächen
in die Tiefe des Lebens gehen?

Sind die Männer die Bewussteren,
weil sie darüber nicht reden,
oder sind sie sich dessen noch nicht bewusst,
wer sie in Wirklichkeit sind?

Ich glaube, der feine Unterschied liegt im
„miteinander und im untereinander",
egal ob Mann oder Frau.

Trotzdem sagt man,
wenn Männer *miteinander* reden,
reden sie selten über Gott und die Welt,
vielmehr über Frauen
und was ihnen sonst noch so Spaß macht.

Wenn Frauen *untereinander* sind,
dann besprechen sie *miteinander,*
wie sie die Welt verbessern können,
indem sie ihre Männer bekehren wollen.

Doch, den Frauen sei gesagt:
„Wollt nichts – tut nur eure Aufgabe,
bringt Heil durch euer wahres Wesen in die Welt,
denn in der Weiblichkeit liegt die Mutterschaft."

Die Mutter bestimmt durch ihr Sein
die Zukunft ihrer Kinder.
Die Kinder, egal ob männlich oder weiblich,
sind auf Grund der Erziehung ihres Ursprungs die
Zukunft ihrer Eltern und Kinder.

Die Frau ist immer
auch der sichere Hafen für den Mann.
In ihrem Schoß zu ruhen,
verleiht ihm wieder die Kraft,
um das Ziel der Männlichkeit zu erlangen,
von dem wiederum ein großer Teil,
"Schutz der Frau sein" ist,
die ihn wiederum in allen Lebenslagen
hält und behütet.

Mitunter reden,
kann untereinander, miteinander,
egal ob Frau oder Mann sicher nicht schaden, wenn
es dem Wohle und der Weiterentwicklung aller dient.

Nicht umsonst war es der Mann,
der das Telefon erfunden hat,
damit es Frauen
in der Beredung *miteinander* leichter haben,
die Welt zu verbessern.

Kluge Männer

Kluge Männer braucht die Welt,
keinen lauten Pantoffelheld,
mit dem Mittelhirn als Mittelpunkt,
gebraucht werden Männer,
bei denen es im Herzen funkt.
Männer, für die ein Wort und Händeschlag zählt,
die nicht lebenslang vom Ego gequält,
deren Sinn mit starker Liebe ist beseelt.
Kluge Männer sind an der Zeit,
von klarer Heiterkeit.
Die innere Werte erkennen,
sie zum Leben ernennen.
Männer, für die Ehrlichkeit
nicht in Lügensümpfen steht,
für die wahre Achtung nie verweht,
die wissen, um der Frauen feinen Sinn,
kluge Männer, sind für die Menschheit
ein großer Gewinn.

Männer, die Kriege verneinen.
die Völker in Frieden vereinen.
Männer, die ein jedes Kind verstehen kann,
die Welt braucht auf jeder Ecke so einen Mann.
Wir brauchen keine
Friedensverstümmelungsvertreter,
keine Gewalt anwendenden Übeltäter.
Wir brauchen keine Kurvengeradebieger,
keine Alkoholverkuppelungssieger.
Wir brauchen keine Frauenfremdwärtsgeher,
keine „Marathon – Viagra · Fernseh-Einschlafseher".
Wir brauchen keine machoobergeilen Schmeichler,
keine Mamasöhnchen – Ehefrauen ·
Erniedrigungsverweichler.

Kurz, die Welt braucht einen Typ Mann,
zu dem die Allgemeinheit wieder aufschauen kann.
Männer, es sei euch gesagt,
wer laut und leise zu fühlen wieder wagt,
wer die Zeit hat wieder in sich zu gehen,
wird Frauen und Kinder als zu ehrende Wesen sehen.
Denn was die Frauenseele allein nicht halten kann,
dazu braucht die wohl die Kraftseele namens Mann.
Kluge Männer braucht die Erde,
weise Frauen braucht die Welt,
in der Zweisamkeit
und die Freiheit der Liebe zählt.
Wahre Liebe lässt alles wachsen und gedeihen,
wird starke Männer
und ehrliche Frauen der Welt verleihen.
Und das Wichtigste zum Schluss,
ganz ohne Urteilsverurteilungsverdruss:
Die Welt braucht jede Frau und jeden Mann,
die und der aufrichtig wieder in sich beten kann.

Emanzipation

Was hat die Menschheit schon,
von Emanzipation?
Durch den Lauf der Zeit, es ist ganz klar,
wurde die Unterdrückung der Frauen
durch Mannesmacht zur Gefahr.

Die Frauen fingen an sich zu emanzipieren,
Männermacht zu ignorieren.
„Gleichberechtigung" ist das moderne Wort,
in aller Munde fast an jedem Ort.

Doch, wollen Frauen gar wie Männer sein?
„Alles gehört nur mir und ist nur mein!"
Frauenpower ist jetzt an der Macht,
Männerwelt nehmt euch in acht.

Die Frauen reden euch hinunter,
sind sehr klug und immer munter.
Haben sie die besseren Ideen,
sind die Frauen gleich der Welten Feen?

Doch Frauen gebet acht
und lebet eure weiche Seite,
liebevoll hinaus in alle Weite.
Sanftmütig, gütig, rein und spirituell,
nur so wird das Leben auf der Welt ganz hell.

Frauen zeigt die wahre Stärke, die in euch ist,
die Habgier, Zorn und Neid vergisst.
Die verzeiht und Wege zeigt,
die sich hin zur reinen Liebe neigt.

Frauen, lebt der Welt die Werte vor,
bringt Kinder dieser Liebe in die Welt empor.
Zeigt mit dieser starken Kraft,
wie Mann und Frau gemeinsam schafft.

Diese Emanzipation muss heute sein,
denn nur durch sie ganz allein,
werden auch die Männer ihre Frauen wieder sehen
und die Männer werden dann
diesen Weg der Emanzipation ihrer Frauen gehen.

Emanzipation im rechten Licht betrachtet,
heißt, das Bewusstsein wird geachtet,
denn das Bewusstsein im Menschen zu erhöh´n,
das macht das Leben auf der Erde wieder schön.

Dann lebt der Friede zwischen Mann und Frau,
diese Gleichberechtigung ist das Know How.
Doch ich glaube, es vergeht noch eine lange Zeit,
bis die Menschheit ist so weit.

Persönlichkeitsentwicklung

Da glaubt so mancher Mann, so manche Frau,
es ist mit dem anderen Geschlecht,
die große Liebe,
doch schaut man dann so recht,
erfüllt man des anderen Wünsche und Egotriebe.

Doch es dauert lange,
bis man das erkennt
und sich von Abhängigkeiten trennt.
Oft liegt es weit zurück,
dieses nie erreichte Glück.

Als Kind, da lobte man uns nicht,
wir funktionierten,
veränderten unser wahres Gesicht.
An Eigenwert wurde uns viel genommen,
Selbstzweifel haben wir dafür angenommen.

Erst wenn man erwachsen ist,
eine Liebe um die andere bricht,
macht sich mancher Wache auf die Suche,
warum das so ist,
und erkennt,
dass man selbst es ist,
auf den man zu viel vergisst.

Sich plötzlich einzugestehen,
dass man für sich der wichtigste Mensch nun sei,
klingt und ist für manche etwas neu.
Man fängt an,
sich in den Spiegel zu schauen,
sich selber zu vertrauen.

Man fühlt Wünsche,
die seit Kindheit wohl vergraben,
man findet seine Talente und auch Gottesgaben.
Für manchen scheint es vielleicht schwer und neu,
wenn man sich selber plötzlich treu.

Nichts was hindert,
kann jemand mit einem machen,
oft musst alleine du dann lachen.
Doch wenn man stark ist
und auch kräftig,
für sich das Leben fordert heftig,
dann kommen neue Menschen auf dich zu,
weil du von innen strahlest,
Power und viel Ruh.

Dann lässt man dich so sein,
akzeptiert dich wie du bist,
weil niemand dich auf Funktionen hin bemisst.
Vielleicht gesellt sich dann zu dir ·
ein Mensch
und es wird ein neues glückverbundnes „WIR".

Darum ist es wichtig,
sich selber voll zu leben,
als der Mensch,
der von Anfang dir gegeben.

Erlöse alte Muster stets aus deiner Mitte
und erhöre in dir nur eine Bitte,
die du selbst an dein Leben hast,
erfüll sie dir – erlöse dich von Last.
Erkenne, wer du bist,
sei der, der nie auf sich vergisst.

FÜR MICH

Für mich
klingen diese beiden Worte neu,
jedoch nicht fremd,
vielleicht mehr wie eine Erinnerung.

„Für mich",
klingt plötzlich so übervoll
und ich weiß nicht, wo ich beginnen soll.
Es klingt so anders,
als „für dich".

Für dich tun wir doch alles,
seit ewigen Zeiten schon:

Für dich verzichten wir,
für dich tun wir so, dass es dir gefällt.

Für dich wird das Leben geebnet,
für dich ist ein Muster vorgegeben.

Für dich wird sogar massentherapiert,
für dich lassen wir alles liegen und stehen.

Für dich beten wir,
für dich töten wir,
für dich leben wir.

Und wer lebt für mich?

Für mich,
so frage ich: „Wer bist du?"

Für mich
ziert ein Lächeln das Gesicht.

Für mich
scheint jeden Tag die Sonne.

Für mich
öffnen sich die Augen der Seele.

Für mich
atmet das Gras, pulsiert das Meer.

Für mich
pocht ein Herz, funktioniert ein ganzer Körper.

Für mich
ist dieses Leben.

Für mich
bin ich geboren, zu sein was ich bin.

Für mich
erkenne ich all meine Facetten.

Für mich
liebe ich die kreative Schöpfung.

Für mich
bin ich frei für die Aufgabe des Lebens.

Für mich leide ich.
Für mich freue ich mich.

Für mich
schaue ich in den Himmel.

Für mich
bin ich allein.

Für mich
bin ich mit Freunden.

Für mich
dreh ich auch mal das Handy ab.

Für mich
fühle ich, damit ich mich spüren kann.

Für mich
tanke ich Stille unter einem starken Baum.

Für mich
liebe ich dich, damit ich dich lieben kann.

Für mich
lebe ich im Vertrauen.

Für mich
mache ich mich leer.

Für mich
ist die Fülle des Lebens.

Ich tue es JETZT für mich!

Zum ersten Mal in diesem Leben
begreife ich es wieder:

FÜR MICH!

Meine beste Freundin

Eine alte Bekannte stellt sich bei mir vor,
zu der ich vor Jahren den Kontakt verlor.
Ich freue mich sehr, sie wieder zu sehen
und beschließe mit ihr gemeinsam weiter zu gehen.

Oft dachte ich an sie,
das Gefühl an sie vergaß ich nie.
Mit ihr, da kann ich sehr viel lachen,
kann mit ihr
die unwahrscheinlichsten Dinge machen.

Täglich ladet sie mich ein,
lässt mich ein Teil von ihr sein.
Sie befreit mich von Schmerz und Leid,
sie bringt mir Sonnenschein und Freud.

Ich verbringe mit ihr nun mein ganzes Leben,
denn nur sie kann mir all das geben,
was niemand sonst zu geben vermag
und sie nimmt mir manche Plag.

Sie lässt mich der Mensch sein, der ich bin,
sie schenkt mir meinen Lebenssinn.
Durch ihre Kraft kann ich in mich fühlen,
ihre Spontaneität kann in mir wühlen.

Ihre Erscheinung löst Entrümpelungen aus,
was mich hindert, schmeißt sie einfach raus.
Sie macht hellhörig und hellsichtig,
sie sagt zu mir: „Mensch DU bist jetzt wichtig."

Sie nimmt von mir die Ketten und Gewichte,
macht alles Schwere, Trübe schnell zunichte.
Sie ist die beste Freundin · sie ist in mir,

„FREIHEIT" ist ihr Name

und sie ist auch ganz bestimmt in dir.

Sag es den Sternen

Bevor dich das Treiben des Tages erdrückt,
dir die Stumpfheit der Masse
den Glanz des Besonderen zu nehmen scheint,
geh in die Nacht hinaus
und sag es ruhig den Sternen.

Wenn dich der Tränensee beinahe ertränkt,
du vor Schmerz gebeugt
vor deiner Zukunft stehst,
leg Vergangenes sacht in die Nacht
und sag es leis´ den Sternen.

Wenn dich der Liebesengel verlassen hat,
weil du ihn fort geschickt,
in deiner großen Verzweiflungsnot,
so vertraue dem Dunkel der Nacht,
und sag es zart den Sternen.

Wenn du ein wenig Hoffnung hegst,
in dieser sternenklaren Nacht,
dann leg dich sanft ins Wiesenbett,
wo über dir dich die Nacht bewacht
und sag es dann den Sternen.

Oh sag es doch den Sternen,
dass du lieben willst und sein,
dass du schmerzverbundnen Menschen
willst verzeihen.

Oh sag es doch den Sternen,
dass du ein Kind von Traurigkeit,
doch auch von Frohsinn und von Heiterkeit.

Sag es doch den Sternen,
dass du heute Nacht bist ganz allein,
sag es doch den Sternen,
dass du doch nur willst ein bisschen glücklich sein.

Und die Sterne sagen dir,
es ist nicht viel:
„Sei einfach glücklich, du Erdenkind,
denn das ist auch unser Ziel."

Liebe ist wie ein Dorn

Liebe ist wie ein Dorn, den du nur spürst,
wenn er in dir steckt.
Entfernt man diesen Dorn,
dann verblutet der Gestochene.

Doch niemand kann diesen Dorn vermeiden,
jeder wird an ihm eines Tages leiden.
Dann, wenn die Liebe in Erwartung übergeht
und die Liebe die Enttäuschung nicht übersteht.

Dann wird gezweifelt, viel geweint,
man hofft, dass bald die Sonne wieder scheint.
Doch das Spiel beginnt erneut von vorn,
wenn man sich setzt einen neuen Dorn.

Schnell heilen alte Wunden
in neu verliebten Stunden.
Die Liebe, die dich sticht,
ist nicht die, die dich dann bricht.

Die Liebe bricht, wenn ihr Sinn gebrochen,
denn sie will nicht, dass du wirst gestochen.
Ihr Sein und Sinn ist doch nur Geben,
ohne bedingte Erwartungen im Leben.

Zu begreifen ist das nicht leicht,
deshalb für viele gar zu unerreicht.
Ein Spiel wie in verliebten Tagen,
ohne Mühen, Erwartungen und Plagen,

das ist das, was sie uns gibt, es täte gut,
doch so leicht zu leben,
da fehlt doch oft der Mut.

Zu schnell wird abgegrenzt und abgewogen,
die Liebe selbst hätte nie die Grenzen gezogen.
Würde der Mensch das schnell begreifen,
würde er sorgenfrei in dieser Liebe weiter reifen.

Sie würde ihn tragen,
er würde nie nach Macht und Anspruch fragen.
Zwei Menschen wären völlig frei,
in ihrer bedingungslos gelebten Liebelei.

Liebe, als immer gegenwärtige Energie

Wenn die Liebe will,
zerschmettert sie das Gefüge,
das sie jahrelang gehalten hat.

Sie lässt Erprobtes zu Grunde gehen
und aus ihrer Wurzelkraft
lässt sie Neues entstehen.

Aber niemals zerstört Liebe,
auch wenn es manchmal in den Augen
der Betroffenen so aussieht.

Sie atmet ewiges Bewusstsein
und ist der Grundstein,
auf dem die Häuser der Menschen gebaut werden.

Nur mit ihr im Herzen
kann der Mensch sein Haus qualitätsvoll beziehen,
das sie ihm frei und willig zur Verfügung stellt.

„Abhängig" oder „Bedingungslos"

Wenn die Angst vor Abhängigkeiten größer ist,
als der Mut zur bedingungslosen Liebe,
dann ist die Verbindung keine Liebe
und es entsteht für sie
kein haltbares Fundament.
Ist bedingungslos zu lieben,
ohne zu leiden, nur möglich,
wenn zwei Herzen gleich lieben
und die Liebe nicht berechnen?
Liebe erwartet nichts,
Liebe teilt nicht ein,
Liebe vermittelt keine Angst,
Liebe hält zusammen und trägt einander.

Wahrlich,
es gehört Mut dazu,
sich auf die bedingungslose Liebe einzulassen,
da man am Anfang nicht weiß,
ob sie es wirklich ist,
oder nur eine Nachahmung.
Dabei wäre es einfacher,
wenn beide Herzen es tun,
ohne zu analysieren.
Die Liebe selbst hat keine Analyse,
die man analysieren könnte.
Die Liebe wird getragen durch sich selbst
und sie kennt nur ein Wort:

„Einlass"

hindurch durch sie muss jeder selber gehen.

Was ist die Liebe?

Ich glaube,
die Liebe hat so viele Ausdrucksformen
wie es Lebewesen gibt.

Man kann sie nicht endgültig beschreiben,
sie lässt sich in keine Formen passen,
sie ist frei und kreativ.

Mal strahlt sie wie die Sonne,
dann schüttet sie sich aus wie der Regen.
Mal ist sie trocken wie die Wüste,
dann ist sie tief wie das Meer.

Viele Dichter formen sie in Worte,
viele Maler malen sie in Orte,
viele Sänger besingen ihre Lieder,
alle Menschen kennen sie darin wieder.

Doch wie sie wirklich ist,
kann niemand für einen anderen erfassen,
denn jeder wird die Liebe wie sie ist,
einfach in sich wirken lassen.

Schluss der Dichter Worte,
Schluss der Maler Orte,
Schluss der Liebeslieder,
die Liebe kommt,
wann sie will, immer wieder.

Die Liebe

Die Liebe kann herzen,
die Liebe kann schmerzen.
Da erhebt sich eine Stimme, die meint:

„Liebe schmerzt doch nie."

„Ach, Stimme", sag ich,
„weißt du denn nicht wie?"

Sie lässt dich erfahren,
lässt dich bejahen,
sie lässt dich weinen,
lässt dich verneinen.
Sie macht dich fast dumm,
macht dich ganz stumm,
sie lässt dich flüstern
und auch schrein´,
sie macht dich groß,
sie macht dich klein,
oft, wenn du sie brauchst,
lässt sie dich sein.

Mal kommt sie unerwartet,
dann ganz still
und sie macht mit dir dann, was sie will.
Alle Jahreszeiten zeigt sie dir,
im Frühling findest du das WIR,
im Sommer ist sie heiß
und verschmilzt mit dir.
Im Herbst, wenn dann die Blätter fallen,
hörst das Frühlingsecho du noch hallen
und im Winter stärkt oder bricht sie dich
und das alles nur für sich.

Liebe macht blind?

Was soll das für eine Liebe sein,
die dich erblinden lässt?
Ist es nicht so, dass die wahre Liebe
aus der Seele Kraft dich sehend macht?

Sehend für das Schöne.
Sehend und fühlend für die höchste Energie.
Sehend für die unerwartete Berührung,
die aus deinem Herzen kommt.
Sehend für die Einswerdung.

*Ist es nicht eher die Gewohnheit,
die erblinden lässt?*

Gewohnheit macht blind,
nimmt dir jede Fantasie.
Sie nimmt dir die Sicht auf die Spontaneität.

Die Gewohnheit schließt aus,
doch die Liebe lässt alles geschehen
und ist bunt wie das Paradies.

Verstehe zu lieben

Verstehe WARUM.

BEGREIFE deshalb

und erlöse dieses in Liebe,

die rein aus deinem Herzen strömt!

LIEBE ALLE

vor allem die,

deretwegen du verstehen musst,

warum du deshalb begreifen lernst!

Gehst du mit mir?

Ein Tag bricht an.
Ein Tag wie jeder Tag,
doch heute steh ich auf
und schau mich an,
ich spüre,
was ich gar nicht fassen kann.

Mein Blick, der sagt mir mehr,
ein Augenblick voll Zuversicht,
doch traumverloren leer.

Ich mach die Augen zu,
die Seele öffnet sich im Nu
und ich frage dich in aller Ruh:

„Gehst du mit mir durch Wüstensterne?
Schleifst du mich im Wüstensand,
wenn ich scheinbar untergehe,
reichst du mir die Hand?

Gehst du mit mir durch Nebelmeere
meiner tiefen Traurigkeit?
Baust du mit mir Wolkentürme?
Teilst du mit mir mein Leid?

Gehst du mit mir durch Regentage?
Beehrst du mich im Sonnensturm?
Trägst du mich über karge Tage,
wenn ich meine Lebenskräfte mal verlier?

Gehst du mit mir durch alle Zeiten,
egal wo ich auch bin?
Teilst du mit mir die Einsamkeiten?
Teilst du mit mir den Lebenssinn?

Gehst du mit mir durchs Wandelbare?
Änderst mich und machst mich neu?
Zeigst du mir das Wunderbare?
Machst du mich ganz frei?

Gehst du mit mir durch enge Gassen
und sicherst mich am breiten Weg?
Willst du mit mir das Unerreichbare fassen,
wenn ich meinen Glauben in dich leg?

Ich spüre dich, du gehst mit mir,
durch diesen großen Lebenssinn.
Oh großer Freund, ich reich dir,
all mein ganzes Leben hin.

Mit dir

Mit dir ist mein Leben ganz.
Auch wenn ich einsam bin,
mit dir bin ich nicht allein.
Du bringst den schönsten Teil
in mir zum Leuchten.
Mit dir bin ich das Licht,
das auch im Licht noch zu sehen ist.
Mit dir wage ich mich in Täler,
die tiefer sind als die Meere.
Mit dir schwebe ich auf Wolken,
selbst wenn ich fest auf der Erde stehe.
Mit dir gehe ich auf Trampelpfaden
und sehe in ihnen etwas Besonderes.
Mit dir gehe ich auf verlassenen Wegen,
du führst mich durch Labyrinthe,
mit dir verirre ich mich nie.
Mit dir scheint die Sonne
auch in der Nacht.
Mit dir ist das Leben wirklich ein Leben,
das lebendig ist.
Mit dir atme ich die Luft,
die klar, sauber und nahrhaft ist.
Mit dir entzünde ich das Feuer,
das alles in mir verbrennt,
was mich hindert flammend zu leuchten.
Mit dir ist das Leben rund und geschmeidig
an allen Ecken und Enden der Realität.
Mit dir gehe ich in mich – zu dir ·
wage mich in meine seelischen Tiefen
und erfreue mich über mein Licht.

Mit dir bin ich.

Wenn Gott singt

Wenn Gott singt,
erwacht der Morgen.
Du musst ganz leise sein,
um seine Gnade auch zu fühlen.

Wenn Gott singt,
erwacht das Glück.
Du musst die Augen schließen,
um seine Herrlichkeit zu hören.

Wenn Gott singt,
erwacht die Liebe.
Du musst dein Herz öffnen,
um sein Licht zu sehen.

Wenn Gott singt,
erwach ich jeden Morgen,
begrüß den Tag
voll Sonnenschein,

dies Geschenk ist uns gegeben,
hört und fühlt,
wacht auf –
noch in diesem Leben.

Übrigens,
Gott singt auch in der Nacht,
wenn du deine Augen
längst hast zugemacht.

In Vaters Garten

Mein Vater hat einen Garten,
Tiere, Blumen, Pflanzen, Menschen vieler Arten.
Er setzte mich in seinem Garten nieder
und sprach zu mir, er komme wieder.
Ich soll mir als Mensch
um die Pflanzen Mühe geben,
denn sie erhalten frisch des Menschen Leben.
Die Tiere soll ich achten und auch pflegen,
der Blumen Schönheit sind sein Segen.
Im Garten kann sich alles frei bewegen,
kann die Sonne sich auf ALLES legen
und die Vögel singen fröhlich ihr Lied,
sie singen von Vaters Liebe und seinem Fried.
Ich höre und staune den ganzen Tag,
„doch wo ist mein Vater?", so stelle ich die Frag.
Da antwortet es aus aller Pflanzen Munde:
„Du Menschenkind, auch du bist Gottes Kunde,
gehe in den Garten weit hinaus,
berühre alle und sag, der Vater ist in jedem Haus."
Mit Haus, da meinen sie die Hülle,
der Vater in uns, er ist die Fülle.
So verstehe ich und kann ganz glücklich sein,
der Vater und der Garten ganz allein,
ist alles was ich brauche um zu leben,
denn der Vater hat uns alles gegeben –
denn in seinem bunten Garten,
brauche ich auf nichts mehr warten.
Die Frage, wo der Vater ist,
werde ich nicht mehr stellen,
denn aus jeder Regung
atmen des Vaters Lebenswellen.
Der Vater hat mich nie verlassen, er ist in mir,
jeder Atemzug sagt, mein Kind, ich bin in dir.

Seelenreise

Schwerelos getragen
von einer sanften Hand,
ruhevoll ertragen,
heiß und leicht wie Sand.

Als bin ich nicht geboren,
in Ewigkeiten gleiten,
wie Licht, das nie verloren,
gehüllt in Unendlichkeiten.

Kein Stoßen und kein Schlagen,
keine Räume, keine Zeiten,
keine Wünsche, keine Plagen,
lichtvoll glänzend die Gezeiten.

Außerhalb von allen Formen,
befreit von allen Normen,
einfach sein · als Licht im Licht,
bis eines Tages es im Körper bricht.

Dann bist du eingegangen,
in einem Körper wie gefangen,
du vergisst dann wer du wirklich bist,
doch deiner Seele tief Verlangen,

will streben nach dem Licht,
das irgendwann aus deiner Mitte bricht.
Du weißt dann wieder, wer du bist,
wenn du auf deinen Ursprung nicht vergisst.

In Engelswelten

Oft, wenn ich meine Augen schließe,
weil es so stille in mir ist,
dann hör ich voll Begeisterung,
was in mir alles wirklich ist.

Ich höre Klänge,
Töne, die man sonst nicht hören kann.
Musik aus anderen Welten,
doch mitten drin bin ich.

Was ist das nur,
ich frag mich bloß
und dreh mich um:
„Bist du ein Engel der Musik?"

Oft sprudeln Worte wie aus Brunnen,
aus tiefen Wassern kommen sie,
ich fang sie ein mit meinem Herzen,
vergeude keines wahrlich nie.

Ich denke Worte,
Worte, die ich fühle tief in mir.
Ein Vers sich um den nächsten schlingt,
und jeder mir viel Freude bringt.

Der Sinn so rein,
das Wort so fein,
ich spüre sie,
die klare Engelspoesie.

Umgeben von den Engeln,
sie freuen sich, wenn man sie hört,
sie sind ein Grund für dieses Leben,
sind ewig liebend, nie empört.

Ich liebe Engel,
Engel, die wie edle Freunde sind.
Zwei Flügel zart, die mich umhüllen,
die mich mit Liebe hell erfüllen.

Im Sturm in Not,
im rechten Lot,
ich fühle sie,
die wahre Engelsenergie.

Als die Engel auf die Erde flogen

Ein großer Engel wurde vom strahlenden Licht auf die Erde gesandt, um den neuen Engeln die Welt und die Menschen zu zeigen, die sie von nun an zu beschützen hatten. Sie standen vor dem Tor der Erdeinsicht. Alle versammelten sich um den großen Engel und dieser sprach zu ihnen:

„Schaut, die Menschen sehnen sich nach Liebe,
dennoch treiben sie ihre Mitmenschen streitend
durch das Erdfeuer der Negativität.

Sie sehnen jeden Tag herbei,
dennoch verweilen sie im Gestern
und übersehen den Augenblick.

Sie sehnen sich nach Frieden,
dennoch führen sie in seinem Namen Kriege.

Sie sehnen sich nach innerer Stärke,
dennoch vergeuden sie außen ihre Kraft.

Sie sehnen sich nach sich selbst,
dennoch verstricken sie sich mit vielen Menschen.

Sie sehnen sich nach Leben,
dennoch leben sie tot vor sich hin.

Sie sehnen sich nach Sicherheit,
dennoch balancieren sie am Seil der Unachtsamkeit.

Sie sehnen sich nach göttlicher Erfüllung,
dennoch verstopfen sie ihre Intuition
mit weltlichen Dingen.

Sie sehnen sich nach der Führung aus ihrem Herzen,
dennoch irren sie im Labyrinth des Egos umher.

Sie sehnen sich danach, die Schöpfung zu verstehen,
dennoch überhören sie beinahe jeden Laut,
den sie zu ihnen spricht.

Sie sehnen sich nach Zweisamkeit,
dennoch verkümmern sie nebeneinander
in ihrer Einsamkeit.

Sie sehnen sich nach grenzenloser Freiheit,
dennoch sind sie nicht von ihren
Wunschbindungen befreit.

Sie sehnen sich nach uns,
dennoch übersehen sie unsere Zeichen."

Da unterbrach ein junger Engel und fragte:

„Warum sollen wir sie dann beschützen,
wenn so vielen Sehnsüchten ein
„Dennoch" gegenübersteht?
Haben wir überhaupt jemals eine Chance?"

*Der große Engel legte seine lichten Flügel um alle
jungen Engel und sprach:*

„Es geht nicht darum,
ob wir eine Chance bei den Menschen haben.
Es geht vielmehr darum,
dass die Menschen erkennen,

dass wir ihre Chance sind,
indem sie beginnen, an uns,
an die göttliche Führung zu glauben,
die in jedem dieser Menschen ist.

Wir bringen Geduld und Hoffnung.
Wir bringen Erkenntnis und Glauben.
Wir sind bei ihren Einsichten
die klare Sicht des Lebens.

Wir bringen Liebe und Disziplin.
Wir bringen Vertrauen und Hingabe.
Wir nehmen ihre Zweifel und ihre Ungeduld.
Wir nehmen die weltlichen Schichten
und bringen lichtvolle Umhüllungen.

Wir tragen das Wunder in uns,
das die Menschen in helle Wesen verwandelt.
Neues ANZUNEHMEN – und Altes LOSZULASSEN.

VERWANDLUNG, das ist ihre Chance!"

Daraufhin flogen alle jungen Engel auf die Erde zu den Menschen. Demütig und voller Geduld und Stolz tun sie ihre Aufgabe, bis zum heutigen Tag. Sie klagen nicht, sie zweifeln nicht, denn sie vertrauen darauf, wie es ihnen der große Engel sagte, dass die Menschen in ihrem Herzen immer lichter werden und ihre Chance für diese großartige Wandlung jeden neuen Augenblick erkennen.

Engel riechen wie Blumen

Engel riechen wie Blumen,
sie spüren sich an wie Licht.
Sie leuchten in allen Farben,
doch meistens sehen wir sie nicht.
Nur wenn die Augen zu,
wenn der Geist in voller Ruh,
dann kann man fühlen,
spüren und auch sehen,
wie sie immer an des Menschen Seite gehen.
Wenn wir uns erinnern,
dass sie bei uns sind,
dann sind wir sicher,
beschützt wie ein Kind.

Engel riechen wie Blumen,
sie fühlen sich an wie Licht,
und wer an sie glaubt,
dem zeigen sie sich.
Oft in schweren Stunden,
nach seelischen Wunden,
erinnern uns wir:
„Die Engel sind hier."
Tun wir sie nur bitten,
sie helfen uns gleich,
sie zeigen uns Wege,
Erstarrtes wird weich.
Jeder hat seine Engel,
jeden Tag still um sich,
wenn du sie erkennst,
so berühren sie dich.

Der Engel mit seinem Bengel

Neulich liabe Leut´,
sog i eich wos – hob i mi g´freit.
Bestimmt is eich a schon amoi so gaunga
und ihr woarts in sämtliche Blockaden gfaunga.

Roz und Wossa want ma do,
Da Zweifi nogt an glott die Hoffnung au.
Weng an Kumma hob i den Kopf hänga lossn.
Da Humor der hot mi grod a wenig valossn.

Gjammat, gschluchzt und graunzt hob i,
do is a kuma und hot g´sogt: „I valoss di nie."
„Wer woar des?", hob i ma denkt
und hob glei den Kopf nimma mehr so g´senkt.

Er hot zu mia gsogt:

„Hallo klana Menschenbengel,
schreck di net, i bin´s dei großa Engel.
Mia foit auf, du bist so traurig, selten munter,
drum hob i ma dochl, kum i zu dir herunter.

Die gaunze Zeit wü i da sogn,
soist di in dein Leben net goar so plogn.
Kind du bist jo a do zum Locha,
zum Teufin und zum Spässe mocha.

Host den du des imma nu net tscheckt,
wia des Spü des Lebens die nur neckt?
Des Leben is a Spü,
schoit öfta oba mit dein Gfüh.
Wauns zvü zum wana is muasst lochn,
moch a Gaudi, net so ernste Sochn.

I gib dir dauernd mei Flügihaund,
wü di fiarn und aussilossn,
oft aus deina dunklen Gossn.
Und wos tuast du?

Du pleast, jammast, gibst di goar oft auf,
jo fix Sackra, du hearst jo glott zum Leben auf.
I bin jetzt do bei dir und hüf da weida,
ihr Menschen kennts jo goar net ohne uns sei – leida.

Und i sog da glei no, wias uns Engel geht,
wauns bei eich do unten wida amoi steht:
Arbeitslos is bei uns kana
und flexibel – jo des san ma.

Teilzeit, des gibt's bei uns net,
da Chef sogt, durchorbeiten, wauns nur geht.
Übastunden miaß ma gor schen mochn,
wegn eich haum mia oft goar nix z´lochn.

Ewig aufi, obi, hin und her,
jo bei eich haums T´flügi vagessn,
drum hobts es hoit so schwer.
Wegn eichan Zweifi
haum mia oft die dreifochhe Hockn,
woits uns goar mit eichan ewigen raunzn schockn.

Mia bemühn uns,
schickan eich die richtigen Leit,
füar a neiche Kroft und recht vü Freid.
Sogn eich oft nur · do geht's laung,
oba bei eichra laungen Leitung
wird an glott ois Öngi baung.
Dabei brauchts jo nur fest glauben,
und eichan großn Schutzengel traun."

Stü is in mir woarn,
wia mei Engel hot die Worte an mi verlorn.
Nochdenkt hob i und an Ruck hob i ma gebn,
weil i wü jo mit mein liabn Engel leben.

Waun mir noch mein Engel is,
waun i earm brauch, waun i eam wü,
daun bitt i in mir gaunz stü:

„Bitte kum oba,
mei liaba großa Engel,
es braucht die wida amoi
dei klana Menschenbengel."

Seelenbaum

Oh Seelenbaum,
ich bin jetzt hier,
oh bitte Seelenbaum,
komm sprich zu mir.

Mein Seelenbaum
steht still und stark,
vor mir ganz fest
und wohl geformt
vom Erdenglanz im Wurzeltanz,
dem Lichte zugewandt.

Meine Sinne
ganz dem Baume hingegeben,
möchten ganz und gar den Baum erleben.

Das, was ich seh´,
sagt er mir,
ist seines Geistes Ausdruckskraft,
kreiert, verwirklichte Idee.

Das, was ich fühle, willensstark,
ist seine Kraft und Energie.
Sie zaubert mich in seinen Bann,
wo ich spüren und auch atmen kann.

Das, was ich höre,
sind seine Freundschaftsboten,
die fröhlich zirpen,
dieser stillen Schöpferkraft,
die alles sonst erstummen lassen,
durch ihren zarten Widerhall.

Schattenreich,
so fällt sein Licht zu Boden,
das erhellend doch
nach innen strahlt.

Ich rieche zarte Liebe,
von süßem, edlem Duft,
belebend seine Triebe,
erlösen jede noch so große Kluft.

Er reicht mir seine Hände,
die unsichtbar mich wiegen,
hin zu seinem Schoß,
ich tanze um die Stämme,
diese Freude lässt mich nicht mehr los.

Von hohem Glück bin ich umgeben,
mein Seelenbaum, er ist bei mir,
auch wenn ich ihn verlasse,
unsere Seelen knüpfen ein goldnes Band zum „Wir".

Vereint mit allen Sinnen,
ein Atemzug – ein Wort,
ein Fühlen und ein Danken,
unser Dasein führt uns beide fort.

Mein Seelenbaum,
er lebt in mir,
egal, wo ich auch bin,
ich sehe durch mein klares Herz
ganz einfach zu ihm hin.

Beginn

Kein Fluss, der steht,
kein Wind, der geht,
ein Wind, der weht,
bisweilen wohin wir eilen.

Kein Kind, das fragt,
kein Mann, der wagt,
ein Mann, der alles sagt,
im Verweilen ewiger Meilen.

Kein Sturm, der bricht,
kein Licht in Sicht,
ein Licht – es ist im Licht ·

und dann rennen wir los,
die Welt ist so groß,
ihre Hände, die hält sie uns hin
und sie schreit, sie selbst ist der Sinn ·

und dann stehen wir da,
als ob nie etwas war,
wir fügen uns ein,
nur Norm kann es nicht sein ·

und dann sagt mir ein Kind:
„Schau, der Mann ist so blind,
er flieht, obwohl er nicht sieht,
sieht nicht, wohin er jetzt flieht."

Und wir geh´n wo wir seh´n,
wo wir sonst niemals geh´n,
und wir seh´n wo wir geh´n,
wo wir sonst niemals seh´n.

Und wir steigen ins Leben ein,
wir vertagen und sagen,
was wir sonst nicht fragen
und wir zieh´n in das Leben ein.

Wir bauen uns Brücken,
die uns recht entzücken,
die uns nicht erdrücken,
uns vielmehr beglücken.

Und wir leben und geben,
wir schweben und heben
den Traum hoch empor.

Wohin wir auch gehen,
wir bleiben nie stehen,
bringen neue Träume hervor.

Und es ist niemals aus,
das Ende naht geradeaus,
doch gleich ist wieder Beginn,
das Ende im Beginn ist im Beginn der Sinn.

Ein Morgen

Ein Morgen müht sich aus der dunklen Nacht,
verklärte, schattenvolle Pracht.
Ein Silberstreifen erscheint am Firmament,
schon bald man Morgenrot ihn nennt.

Das Dunkel schwindet, es zieht sich zurück,
ein neuer Tag, nennt sich das Glück.
Die Sterne sind wie vom Lichte aufgesogen,
der Mond ist vom Himmel fortgezogen.

Die Sonne scheint vom Horizont hervor,
sie steigt und steigt dem Tag empor.
Naturkonzerte voll ertönen,
die edlen und die schönen,

dirigierend von des Schöpfers Hand.
Liebevoll erklingt in diesem Land,
eine Morgenstille, die stiller kann nicht sein,
genieße diesen Morgen ganz für mich allein.

Das Sonnenkind

Das Sonnenkind erwacht am Morgen,
erweckt von zarter Mutterhand,
getragen hin zum Vaterland.

Es hebt sich aus den Tiefen
dunkler stiller Nacht,
zu edlen Stimmen, die es riefen,
damit am Morgen es erwacht.

Mit ihm erklingen Töne,
so froh und lustbetont,
es lacht und strahlt am Himmel,
mit ihm wird Mutter Erd belohnt.

Der Mond, der scheint noch helle,
begrüßt das Sonnenkind voll Freud,
dann zieht er sich zurück ganz schnelle,
das Sonnenkind wird groß und breit.

Das Sonnenkind reicht seine Hände,
gibt sie jedem, der sie nimmt,
seine Strahlen ziehen Bände,
mit ihm man jeden Tag gewinnt.

Das Sonnenkind kommt von der Mutter,
was der Vater bringt hervor,
sein Strahlentanz
reicht bis zur Unendlichkeit empor.

Und wenn Sonnenwinde wehen,
um das Sonnenkind ringsum,
so gibt's kein Bangen und kein Flehen,
es bleibt in sich ganz hell und stumm.

Rovinj

In Meereswogen geborgen,
im Sonnenschein geliebt,
von Himmelstrophäen umgeben,
wie der Weltenkönig sie gibt.

Ein Schwalbentanz am Ufer,
ein Möwenschrei aus Lust,
alte Mauern, die noch thronen,
ein Leben hier im Spiel, bewusst.

Windgebundne Wellenspiele,
dunkle Wolken zieh´n vom Meer herein,
aus dem Meere ragen Inselkiele,
in der Luft liegt ewiges Sein.

Enge Gassen, schmale Wege,
niemand fühlt sich hier gestört,
lange kurze Meeresstege,
Stimmen, die man sonst nicht hört.

Von Meereswellen hoch getragen,
ein Land, ein Zauber, voll Sympathie,
bewundern, staunen, keine Fragen,
verträumt, verklärte Poesie.

Sonnenuntergang am Meer

Sonnenspiegel
im abendlichen Meeresrausch,
glückverbunden
losgelöster Wolkenbausch.

Tief versunken in die rote Freude,
traumgewonnen in die Lust.
Die Sonnenstrahlen reichen bis ans Ufer
und nur die Sonnenfee hat dies gewusst.

Versunken ist sie in das Meer,
noch voller roter Glut
und jeder staunt und wünscht,
dass sie es morgen wieder tut.

Als die Sternschnuppe fiel

Inselnacht,
Sternenpracht,
Meeresflüstern,
Möwenschrei.

Die Nachtigall
singt aus dem Nichts
ihr Lied mit Frohsinn
und mit Schall.

Inselpracht,
Sternennacht,
Meereslichter,
Möwenschrei.

Die Zeit,
sie bleibt nicht stehen,
doch schöne Zeit,
sie wird vorübergehen.

Und die Nachtigall,
sie singt,
weil sie Glück
ins Zeitenleben bringt.

Das Erdenfeuer

Das Erdenfeuer fegt um die ganze Welt,
es verbrennt, was brennen muss
und nichts verglüht, was glühen muss,
es ist der Schwachsinn, der durch das Feuer fällt.
Unsichtbar schlagen die Flammen tief hinein,
denn nur die Liebe hält und wäscht uns rein.
Das Erdenfeuer hat viele Menschen bereits erfasst,
Muster verbrennen,
Lebenssinne werden aus der Asche neu,
es lebt weiter, was dem Herzen treu,
es ist manch Ego,
das neben der Göttlichkeit verblasst.
Schmerzerfüllend, für den Verstand
zum Aushalten nicht gemacht, legt Gottes
Versprechen sich um die Menschheit sacht.
Das Erdenfeuer wütet ganz tief drin,
schmeiß hinein, was dich zum kalten Feuer macht,
wahrlich brennt, was Weisheit hat entfacht.
Erlebe durch die Flammen selbst den neuen Sinn.
Seelenstark ist alle Wahrheit von Bestand,
geh als Frieden selbst
mit der großen Seele Hand in Hand.
Vorm Erdenfeuer hab ich keine Angst,
ich gehe mitten durch das Flammenrot
und auch durch mich fährt er, der Feuertod.
Oh Feuer, es ist nicht viel, was du verlangst.
Nur einmal durch dich gehen
und in der Feuermitte stehen,
um durch dich in mir den Himmel selbst zu sehen.

Ich bin der Frieden

Lieber Menschenbruder!
Bevor du auf die Welt gekommen bist, haben wir
beide schon Freundschaft geschlossen. Du hast
mich akzeptiert und ich war ein Grund für dich, dass
du geboren wurdest, um meinen Teil zu verkörpern,
der ich in dir bin.
Doch ich will nach Ewigkeiten es wagen
und den Menschenbrüdern etwas sagen:

So vieles hat der Mensch vergessen,
als er das Licht der Welt erblickt hat,
seit Jahrtausenden
von missbrauchter Macht besessen,
vom Ausbeuten der Weltenseele
nie und nimmer satt.
In meinem Namen hat er Kriege geführt,
hat mich misshandelt, nicht verschont,
die Erde hart geschlagen, nicht zart berührt
und dafür sich mit Gier und falscher Macht belohnt.

Oh Menschenbruder,
sieh an, es ist ein großes Loch,
an Menschenwürde fehlt´s am meisten hier,
der Mensch erschlägt
das Beste immer noch,
verliert dadurch sein Ich und Wir.
Man hat mich in finstere Keller gesteckt,
wollte mich ersticken nur mit Grausamkeit,
mich mit Blut und Asche voll bedeckt,
doch wirklich ermorden kann mich keine Ewigkeit.
Fest eingebettet bin ich in des Menschen Herz,
ich tobe und poche durch jeden Atem ein und aus.

Mich nicht wahrnehmen können,
heißt oft Schmerz.
Begreife endlich, Mensch,
komm in mich und lass mich raus.

Schon ewig hab ich Wurzeln in dir geschlagen,
verbreite mich nach allen Seiten,
bedingungslos kannst du meine Erfahrung wagen,
„Ich bin Du", seit Ewigkeiten.
Es ist jetzt höchste Zeit, oh lieber Mensch,
dass du in dich nun wirklich gehst,
dass du das wahre Wesen, das du bist, verstehst.
Du hast in dir, was Leben voll erhält,
was nicht zerstört und nicht verpönt,
du bist in deinem Herzen das,
was diese Erde voll verschönt.

Lege ab deine Höllenqualen, die dir auferlegt,
fege fort, was dich hemmt und nicht bewegt,
reich die Hand und sprich ein sanftes Wort
und alles Schlimme verlässt dich gleich sofort.
Wenn du dies alles kannst nur schwer begreifen,
sei dir sicher,
ich lasse dich noch weiter im Herzen reifen.
Verlasse dich auf mich, den Friedenswind,
mein ewig geliebtes Menschenkind.
Befreie deinen Geist von Eitelkeiten,
heile dich von manchen Egoheiten,
die dich hindern zu schauen, was du wirklich bist,
in Wahrheit, Liebe und Fülle,
ja alles das, was Gottes Wille ist.

Menschenengel

Es kommt mir grad so vor,
als bringt Gott Menschenengel hervor.
Und dass sich keiner von den Ungläubigen schreckt,
hat er die Flügel
im unsichtbaren Liebestuch versteckt.

Könnte es auch sein,
dass Gott manchen Menschen
lässt zum Engel werden,
verkörpert hier zu sein auf Erden?

Wenn ich in manche Kinderaugen sehe,
dann fühl ich mich bestätigt und befreit,
wie die Erde ist,
zur Transformation bereit.

Es ist, als würde ich alle kennen
und sie bei einem Namen nennen:
„Himmelsboten, Engelwesen,
Seelenhelfer, nun seid ihr alle da!"
Ihre Blicke sind so sicher,
der Reinheit voll gewahr.

Wenn diese Kinder dann was sagen,
hört man die Erwachsenen oft klagen.
Wie könnten sie auch diese Kinder verstehen,
wenn sie die Welt
nicht aus ihren sanften Engelsaugen sehen.
Es ist nun eine sehr schöne Zeit,
eine Zeit der transformierten Leichtigkeit.

Denn alles Schwere
wird durch die Einstellung leicht,
durch das Gebet wird mancher erleben,
wie der Himmel bis zur Erde reicht.

Wir leben doch seit Beginn
in einem Paradies
und nur für das Ego
wurde aus dem Paradies ein Verließ.

Die Liebe,
als Same ist in uns gelegt,
die in Wahrheit alles weiterhin bewegt.
Die Liebe lässt den Menschen
leise zum Engel werden,
auf unsrer heiß geliebten Mutter Erden.

Wenn Kinder lieben...

Wenn Kinder lieben,
tun sie es einfach.
Sie reden nicht darüber.
Sie philosophieren nicht darüber.
Sie tun es einfach,
in dem sie dich von Herzen lieben,
wenn sie dir in die Augen schauen
und dich bei der Hand nehmen
und dir ein Geheimnis zeigen.
Zum Beispiel ein Entennest,
das sie beim Spiel entdeckt haben.

Wenn Kinder lieben,
dann vertrauen sie dir,
ohne, dass sie bewusst wissen,
dass sie lieben.
Sie tun es einfach.
Und ein Lächeln strahlt aus ihren Augen.
Wenn Kinder lieben,
dann lieben sie die Welt,
in der sie leben
und alles ist groß genug für ihre Liebe.

Kinder

Ein Kind voller Lachen,
ein sonnig Gemüt,
kann Freude entfachen,
die Liebe erblüht.

Sie spielen und toben,
so frei ist ihr Sinn,
man muss sie nur loben,
sie sind ein Gewinn.

Ein Kind ist ein Wunder,
seht es euch nur an,
das Leben wird runder,
zwischen Frau und auch Mann.

Ein Kind ist ein Segen,
für all diese Welt,
Glück auf allen Wegen,
ihr Frohsinn erhellt.

Die Kinder, sie geben,
was niemand sonst gibt,
sie bereichern das Leben,
wenn man sie nur liebt.

Kinderaugen

Kinderaugen
ursprungsvoll, ausdrucksstark,
in einer Welt voll Täuschung,
voll Illusion ·

ein Hoffnungsfunken
aus der Unendlichkeit.
Ein Seelenschimmer
aus dem dunklen Verborgenen,
in Wirklichkeit voll Licht.

Kinder sind die Würze des Lebens,
ohne sie fehlen die schönsten Farben,
durch sie erst lernen wir das Leben wieder sehen,
denn sie erkennen Farben
in jeder Situation.

Kinderseelen

Kinderseelen sind hoch sensible Gefährten,
die für die Welt wegweisend sind.
Oft sind sie nicht nur Wegweiser,
die nur leider all zu gerne
von der Gesellschaft übersehn werden,
sondern sie sind der Weg,
auf dem sich die Menschenmassen achtlos bewegen.
Kaum einer bemerkt die strahlenden Offenbarungen,
die Kinder einfach für die Menschheit sind.

**Eine Kinderseele
ist zart wie das Blatt einer Rose.**

**Eine Kinderseele
hat Stärke und Mut zum Unbekümmert sein.**

Die Seele eines Kindes ist das Schönste auf Erden,
was dich berühren kann.
Reinheit und Vollkommenheit der Schöpfung
schaut aus manchen Kinderaugen.
Sie gewähren einen Blick in eine Welt,
aus der jedes Wesen hervorkommt.
Liebe und eine große Portion Achtung vor dem Kind
als vollkommenes Lebewesen
ermöglicht den Blick in diese eine wunderbare Welt.

Inspiration durch Anna – Lisa

Kinder sind überall gleich,
sie sind an Natürlichkeit reich,
mit Charme erobern sie Bonbons,
ihre Träume sind bunt wie Luftballons.

Sie kennen so vieles nicht,
was manch´ Erwachsenen die Träume bricht.
Sie sind so wie sie sind,
mancher wollte vielleicht, er wäre Kind.

Mit ihren Augen beobachten sie die Welt,
wer fröhlich ist und lacht, ist in ihrer Welt der Held.
Und auf die Brücken, die sie bauen,
könnte sich mancher Zweifler trauen.

In ihrem Denken und Fühlen
ist alles einfach und schlicht
und die Moral von der Geschicht´,
in jedem lebt doch so ein kleiner Wicht.

Der Brief zur Taufe

Liebe(r)....., Du bist eines der neuen Kinder unserer Zeit. Wir sind heute bei dir, um mit dir deine Taufe zu feiern.

Wir wünschen dir in deinem Leben **GLÜCK**, von Anbeginn ohne Ende.

Zu deinem Glück gehört **GEBORGENHEIT**, die dir deine Eltern geben, damit du im Laufe deines Wachstums in dir selbst geborgen bist und diese Geborgenheit selbst weitergeben kannst.

Wir wünschen dir ein Leben in **FRÖHLICHKEIT**, dass du immer das gerne tust, was du in deinem Leben tun musst. Lebe mit deinem inneren Gefühl und strahle wie die Sonne · **HARMONIE** und **FRIEDEN** aus dir.

Wir wünschen dir, dass du dich in deinem Leben in aller Ruhe und Gelassenheit wie eine schöne Blume **ENTFALTEST** und alle JA und NEIN in dir wahrnimmst und sie zum Ausdruck bringst.

In allen Lagen deines Lebens sollst du nie das **VERTRAUEN** in unseren Schöpfer verlieren, der immer an deiner Seite ist. Wir wünschen dir, dass du immer seine Stimme in dir hörst.

Wir wünschen dir ein Leben in **LIEBE**. Denn Liebe bedeutet Ausdehnung und Wandlung. Liebe durchbricht alle Mauern, die der Verstand versucht zu mauern.

Ein weiterer Wegbegleiter soll die uneingeschränkte **FREUDE** in deinem Leben sein. Sobald am Morgen dein erstes Lächeln dein Gesicht ziert, erfreust du damit dich und deine Lieben. Freude ist im kleinsten Augenblick vorhanden. Wir wünschen dir, dass du sie immer sehen kannst.

Liebe(r).......! Du bist ein wunderschönes Kind. **SCHÖNHEIT** strahlt aus deinen Augen. Schönheit strahlt aus deinem Wesen. Wir nehmen dich an, wie du bist – ein wunderbares Geschenk für diese Welt. Wir lieben dich wie du bist.

Wir wünschen dir ein Leben in **FREIHEIT**. Dass du dich in allen Lebenslagen lieben und verstehen kannst. Gib dir Zeit und Raum für die Freiheit nach deiner Herzensenergie zu leben, damit du immer Entscheidungen für dein Leben triffst, die dich vorwärts bringen.

Liebe(r).........! Wir heißen dich willkommen auf dieser Erde, in unserer Gemeinschaft und freuen uns, dass du ein Teil von uns geworden bist, in dem du deinen Teil des Lebens verwirklichst, mit all dem was du bist. Die Welt braucht Menschen, die bewusst und wach sind. Wach genug, um zu erkennen, was wirklich wesentlich ist, um ein glückliches Leben zu leben. Wir freuen uns mit dir auf dich!

Wo ist die Kindheit geblieben?

Vorbei sind unrunde Wege,
statt Schotter glänzt der Asphalt,
Spielwiesen durchbrochen mit Straßengewalt.

Verschwunden sind zaunfreie Zonen,
einst Felder, heut Industrie,
dass es mal so wird, das dacht ich mir nie.

Ich suche den Atem der Kindheit,
weiche aus der Großstadtignoranz,
in meinem Herzen fühl Ich Leichtigkeit und Eleganz.

Unbekümmert sein steigt in mir hoch,
denn auf einem Schild steht:
„Betreten verboten, auf eigene Gefahr",
ich steige darüber,
meine Kindheitsträume werden mir gewahr.

Wir spielten die Helden,
Verbotenes war spannend
und alles ging so leicht,
für die Erwachsenen blieb unsere Welt unerreicht.

Wir bauten uns Schlösser,
wohnten in purer Fantasie,
obwohl heute erwachsen,
die Traumsprache verlernte ich nie.

Wir versteckten uns in Höhlen und in Wäldern
und stachen mit dem kleinen Boot in See,
wir legten unsere Körper
einfach in den kalten Schnee.

Die Kindheit ist mit den Jahren zurückgeblieben,
verweht durch Zeitensturm und Wind,
doch ich fühle in mir noch immer
dieses wunderbare Kind.

Ich schließe die Augen
und staune, was das Kind in mir zu mir sagt,
das Gott sein Dank nicht
das Erwachsen werden wagt.

Mein Kind in mir,
es fühlt und spricht in Stille,
aus Intuition leben,
das ist sein Wille.

Ich hab mich nie verlassen,
auch wenn der Mensch die Welt verändert,
im Außen viel zerfällt,
das tapfre liebevolle Kind,
ist heute noch mein wahrer Held.

Das Kind in dir

Hörst du das Kind weinen?
Sei doch einmal ganz still,
damit du es hören kannst.
Es ist das Kind in dir,
zu dem du im Laufe der Jahre
den Kontakt verloren hast.
Gib dem Kind in dir einen Namen,
denn es hört auf dich, wenn du es rufst.
Nenne es Schmetterling, Goldengel,
oder einfach Glückskäfer.
Das Kind in dir hat viele Namen
und meistens ruft es dich mit: „Lebe dich!"

Du versuchst viele Wege zu gehen,
dein Kind in dir geht jedoch nur einen:
Den ehrlichen, aufrechten, geraden Weg,
der dich mit der höchsten Liebe verbindet.
Höre das Kind weinen,
wenn du es missachtest.
Höre das Kind lachen,
wenn du mit ihm den Weg spielend beschreitest.
Das Kind in dir
offenbart dir die Wege deines Lebens,
unbefangen und frei öffnet es dir die Türen,
durchgehen musst du selbst.
Es heißt: Kinder verändern die Welt!
Worauf warten wir dann noch?
Lasst euch vom Kind in euch wecken
und beginnt es zu lieben,
denn Kinder bewegen die Welt.

Mutter Erde

Die erste Mutter ist Mutter Erde,

die Basis aller Menschen ist die Mutter.

Die Mutter ist die Vollkommenheit,

die Mutter geht aus der Mutter hervor.

Trennt sich die Mutter von der Mutter,

dann nur weil sie Mutter geworden ist.

Mutter Erde, Ursprung des Lebens

und der Lebendigkeit.

Mutter

Ein Wort, das vergibt und tröstet,
ein Bild aller Farben des Lebens,
ein Zufluchtsort der Gnade und Barmherzigkeit.

Mutter

Eine Verbindung zwischen Himmel und Erde,
eine Ausdrucksform der Liebe,
eine bedingungslose Hingabe an das Leben.

Mutter

Der gebärende Teil des Lebens,
der vollkommene Ausdruck göttlicher Seligkeit,
der immerwährende Stützpunkt allen Seins.

Mutter sein

Mutter sein ist kein Beruf,
Mutter sein ist eine Berufung.

Mutter sein ist nicht selbstverständlich,
Mutter sein ist ein Geschenk.

Mutter sein ist kein Zufall,
Mutter sein ist ein Glück des Lebens.

Mutter sein ist keine Last,
Mutter sein ist reine Freude.

Mutter sein ist kein Spaß auf kurze Zeit,
Mutter sein ist die Verantwortung für das Leben.

Mutter sein ist kein an sich reißen,
was geboren wurde.

Mutter sein ist die Hingabe
an das geborene Leben.

Eine ehrenvolle Mutter

An Mutters Brust hängt nicht nur ein Kind,
sondern letztlich die ganze Nation.
Wenn die Mütter von den Vätern nicht verehrt
werden, verkommt die Familie.

In Mutters Schoß liegt nicht nur ein Kind,
sondern alle Kreativität des Lebens.
Wenn eine Mutter ihre Kreativität nicht leben kann,
ist der Fluss des Lebens unterbrochen.

Mutters Hände halten nicht nur ein Kind,
ihre Aufgabe ist das Rückgrat zu halten
für gesunden Lebensmut.
Wird der frohe Lebensmut durch Trübsinn vergiftet,
bricht das Rückgrat und somit der Familienhalt.

Mutters Füße laufen nicht nur für ein Kind,
sie tun und rennen für das Wohl der Familie.
Der Vater ist die Stütze der Mutter,
fällt er aus, werden ihre Schritte lange und schwer.

Mutters Augen sehen nicht nur ein Kind,
sie sehen in die Tiefe des Lebens.
Gibt man ihr die Binde vors Gesicht,
so erblindet die Gesellschaft für das Schöne.

Aus Mutters Herz leuchtet nicht nur ein Kind,
es leuchtet die Liebe aus geben und geben.
Nimmt der Mensch von ihr,
so hat er alles.

Ist sich die Menschheit des Mutter seins bewusst?

Eine Mutter und ein Kind
gehören untrennbar zusammen.
Beide kommen sie aus der selben Quelle.
Eine Mutter wird immer ihr Bestes geben,
die Natur hat das so eingerichtet.

Eine Mutter ist von Natur aus reine Liebe.
Erfährt jedoch ein Kind das Gegenteil,
dann nur,
um in der Natur die Liebe zu finden.

Glaubt eine Mutter,
nicht das Richtige für ihr Kind getan zu haben,
so befindet sie sich im Irrtum,
denn eine Mutter gibt immer das Beste,
wozu sie im Stande ist.

Wir Menschen können an den Umständen nichts
ändern, aber an unseren Einstellungen,
denn durch neue Sichtweisen
erkennen wir uns im anderen.

Eine Mutter wird irgendwann
ihr Kind loslassen müssen,
für viele ein schwieriger Prozess.

Doch im Loslassen
liegt das Geheimnis ewiger Unzertrennbarkeit,
weil alles aus einer Quelle kommt,
diese Quelle der Liebe nährt alles Leben.

Wenn eine Mutter ihr Kind los lässt,
so kommt es wieder –
aus der Quelle ewiger Liebe.

Wenn eine Mutter ihr Kind festhält,
so wird es sich trennen,
um aus der Quelle leben zu können.

In jeder Frau ist die Mutter mitgeboren,
ihr Herz ist ein riesengroßer Ozean voll Liebe.
Das Lächeln einer Mutter in jeder Lebenslage
ist der Spiegel des Herzens,

das in Wahrheit
von Göttlichkeit durchdrungen ist.
Ist sich die Menschheit
der wahren Mutter wirklich bewusst?

EHE
EINE HEIL(IG)E EINIGUNG

Aus zwei Wegen wird ein Weg.
Aus zwei Gedanken wird ein Strom.

Aus zwei Wünschen wird eine Erfüllung.
Aus zwei Worten wird ein WIR.

Aus vier Händen wird eine Verbindung.
Aus Vertrauen wird gegenseitiges Anvertrauen.

Zwei Menschen haben ein ICH und DU.
Zwei Menschen kennen ein NEIN, ein JA.

Zwei Menschen – Zwei Seelen.
Jeder für sich. Jeder für den anderen.

Ein Miteinander · ein Verstehen
im Strom von Gedanken verschiedener Richtungen.

Ein Achten darauf,
dass mit der Erfüllung wieder neue Sehnsüchte

und Ziele in beiden
zur Erfüllung wachsen.

Erkennen im WIR,
dass Du ein ICH hat und Ich ein DU hat,

das Verständnis braucht,
wenn das Ich schneller ist als das DU.

Zwei Menschen – vier Hände,
in dem alles Tun und Schaffen Früchte bringt,

die dienlich, förderlich
und hilfreich sind.

Zwei Menschen vertrauen
und trauen sich an.

Und die Liebe sagt:

„Lasst Raum zwischen EUCH,
damit ihr beide in den Himmel
auf Erden wachsen könnt."

Schenke der Welt ein Lächeln

In der Masse
ist scheinbar Lachen verpönt,
nur ernste Gesichter ist die Welt gewöhnt.

Nach' dem Motto nur nicht lachen,
sonst könnte gar jemand
dem anderen Freude machen.

Manche Blicke strahlen aus:
Nur schön ernst,
damit du die Herzlichkeit verlernst.

Oft sendest du ein Lächeln aus,
doch das Gegenüber
lässt nur den Ernst heraus.

Und dein Lachen
verliert sich im Nu,
zwischen Ich und Du.

Ein Lächeln ist der größte Schatz, den man hat,
oft wird man von einem herzlichen Lächeln
allein schon satt.

Hin und wieder findet ein Lächeln aus der Masse
hin zu dir
und es vereint sich die Sympathie zu einem WIR.

Dann spürt man dankbar, dass man nicht alleine ist,
wenn noch jemand in der Welt
zu lächeln nicht vergisst.

**Lache dem Licht entgegen,
das aus jeder Ritze strahlt**

Wenn du deine Hände betrachtest
und damit Gutes tust,
so werden sie zu Licht.
Wenn du auf deine Zunge achtest,
sie in den Nektar der Liebe tauchst,
so strömt das Licht aus deinem Mund.
Wenn du Gottes Wege gehst,
ein Schritt um den anderen dich dahin führt,
werden deine Füße vom heiligen Licht berührt.
Wenn du vor Wänden stehst,
dreh dich um, mach einen Schritt nach vor,
dann stehst du wieder im Licht,
das jede Angst verlor.
Wenn deine Stimme nur mehr singt,
sich in den Tönen der Liebe schwingt,
wirst du immer lichter,
das Licht in die Menschen bringt.
Wann immer du deine Augen öffnest,
sieh das Gute,
sieh den, der liebt auf dieser Welt,
denn es ist das ewige Licht, das die Welt erhellt.
Wann immer Lebendigkeit du in dir fühlst,
du in Wahrheit und in Frieden wühlst,
so strahlt Gottes Licht dir entgegen
auf allen deinen Wegen.
Lache dem Licht entgegen,
das aus jeder Ritze strahlt.
Seid einander für die Welt ein Segen,
denn es ist das Licht in euch,
das eure Lebensbilder malt.

Lerne dich kennen

Schau in das Gesicht am meisten,
das nur dir gehört
und wenn du einen ganzen Tag
vor dem Spiegel stehst.

Lerne dich kennen,
denn es kennt dich keiner so gut
wie die anderen.

Lerne dich kennen,
damit du mitreden kannst
und es gleichgültig wird,
was die anderen von dir halten.

Der Spiegel

Er ist überall.
Nicht nur du selbst bist es,
wenn du in den Spiegel schaust.
Der Spiegel ist die ganze Welt.
Der Spiegel ist deine ganze Seele.
Der Spiegel ist dein ganzer Körper.

Im Spiegel siehst du Körper,
siehst du Freude,
siehst du Kummer,
Angst und Sorgen,
doch es bist immer du,
immer du, was du siehst.

Und doch bist du manchmal blind,
siehst vor lauter Spiegel das Bildnis nicht,
das dich selbst widerspiegelt.
Du schlägst dich an,
rennst gegen das Spiegelglas,
du tust dir tausendmal immer wieder weh.

Bis du es eines Tages begreifst,
dass alles, was du siehst,
ein Spiegel deines Selbst ist,
dass alles, was du erlebst,
eine Widerspiegelung deiner Gedanken ist.
Das Leben ist ein Spiegel des Lebens.

Auf allen Ebenen ist es ein Spiel.
Ein Spiel mit dir selbst,
bis der Spiegel sich plötzlich dreht
und kein Widerstand mehr in dir ist.
Widerstandslos erkennst du dich im Wir.

Dann siehst du nur mehr ein Spiegelbild,
durch das du in Gelassenheit
und Frieden gehen wirst.

Und was bist du dann,
wenn du hinter dem Spiegel stehst?

Ein Spiegel, der durch den Spiegel schaut
und sich in den vielen Spiegelbildern
einfach nur erkennt
und sich nur mehr klarer Spiegel nennt.

Mach es wie

Mach es wie die Vögel,
die durch ihr frohes Singen
Freude zu den Menschen bringen.

Mach es wie der Adler,
der sich in die Lüfte hebt,
wenn das Gemüt zu stark im Schmerz erbebt.

Mach es wie ein Schmetterling,
der lautlos all die Blüten zart berührt,
der schwerelos vom Wind geführt.

Mach es wie das Wasser,
das ewig fließt und reinigt,
das beide Ufer bedingungslos vereinigt.

Mach es wie der Wind,
der umhüllt und Strukturen durchweht,
der ist, wohin er auch geht.

Mach es wie die Sonne,
die glanzvoll auf die Erde strahlt,
die in ihrem Sein die wirklich wahren Bilder malt.

Mach es wie das Feuer,
lass dich entzünden von der Liebes Glut,
leuchte in die Welt hinaus durch deinen frohen Mut.

Mach es wie die Kinder,
von Starrsinn unberührt und frei,
sei einfach nur du selbst – aber bitte sei!

Wenn ich diese Wolke wäre

Genau diese über dir,
die, die dir gerade die Sonne nimmt,
so wäre ich einmal mehr,
einmal weniger,
ließe mich vom Wind der Lüfte treiben,
würde tanzen bis es mich zerfleddert,
in tausend Wolkenfetzen zerreißt,
würde mich wieder sammeln,

aber

die Sonne,
die würde ich dir nicht nehmen,
für dich ließe ich ein kleines Loch frei,
damit die Sonne durch mich leuchtet
und dein Gemüt bestrahlt,
damit du sonnig durchs Leben gehst
und alle Traurigkeit bei dir schwindet.

Wenn ich diese Wolke wäre...

Es gibt Menschen

Es gibt Menschen,
die kennt man,
wenn man sie einmal trifft

und es gibt Menschen,
die trifft man ein ganzes Leben lang,
und man kennt sie nie

und es gibt Menschen,
die kennt man,
bevor man sie getroffen hat.

Menschen gibt es wie Sand am Meer

Es gibt die Schönen und die Reichen,
die Armen und die ohne Gesicht,
es gibt die Lauten und die Leisen,
die Dummen und die Weisen,

es gibt die Lustigen und die Verrückten,
die Traurigen und die Gebückten,
es gibt die Heiligen und die Scheinheiligen,
die Aktiven und die Langweiligen,

es gibt sie wie Sand am Meer
und unter diesen Sandkörnern,
da gibt es auch dich und mich!

Bist du auch durch das Sieb gefallen?

Dabei hatten wir Glück,
dass wir nicht im Meer versunken sind...

Ich bin einer von diesem großen Haufen
und du bist mir zufällig über den Weg gelaufen.

Denken, Sprechen, Tun

Warum sagen sie „Ja",
wenn sie „Nein" meinen?
Warum sagen die Einen
„Nein" statt „Ja?"
Ich fürchte, so gerät
der Sinn doch in Gefahr.

Wir müssen das denken,
was wir sagen
und nicht danach fragen,
warum wir was tun,
denn wir selbst lenken,
uns in Ehre und auch Ruhm.

Es ist viel gescheiter,
wir trauen uns raus.
Ehrlich sein bringt uns weiter,
löscht manche Lüge aus.
Denn jede Unwahrheit ringt,
mit dem was sie um die Wahrheit bringt.

Es ist uns gegeben,
dieses Leben im Tun,
wo Gedanken und Worte,
im Geiste der Liebe in sich ruh´n.
Und keiner steht jemals still,
der bei „Ja" auch „Ja" sagen will.

Energieräuber

Wer nimmt und raubt die Energie,
dass du dieses und jenes schaffest nie?
Sind es Freunde, Bekannte?
Ist es Onkel oder Tante?

Bist du es selbst mit deiner großen Ungeduld?
Oder hat das Wetter wieder Schuld?
Oder sind es die Gedanken,
die sich um deine Zweifel ranken?

Glaube mir, du bist doch gut,
arbeite weiter nur an deinem Mut.
Denke nicht an das, was hindert,
was dein Vorwärtskommen lindert.

Schau und geh nach vorn,
für dein Talent bist du gebor´n.
Setz dich hin in Konzentration,
dann hast du ja die Hälfte schon.

Du selbst kannst „JA" und „NEIN" zu allem sagen
und Energieräuber klar verjagen.
Doch wenn du ihnen Raum in deinem Leben gibst,
sie mehr als deine eigenen Gaben liebst,

dann darfst du dich nicht wundern,
warum wieder mal nichts weiter geht
und alles nur mehr lahmt und steht.
Drum setz dich hin und denke nach
und lege deine wertvollen Energien nicht brach.

Wichtig ist

Wichtig ist, dass du dich lebst,
dass du den Grund,
warum, verstehst,
dass du auch träumen kannst,
wenn nichts mehr geht,
du den Wind auch spürst, woher er weht,
du nicht hilflos bist,
wenn du Hilfe brauchst,
du auch Hilfe gibst,
wo man dich braucht.

Wichtig ist, dass du erkennst,
dass du belebst,
was du ersehnst,
dass die Schatten
an dir vorüber gehen,
dich nicht ins Bodenlose ziehen,
dass du die Sonne siehst
in dunkler Nacht
und du dich liebst,
von Tag zu Tag.

Wichtig ist, dass du immer weitergehst,
auch wenn du mal nichts verstehst,
dass du die Dinge sein lässt,
wie sie sind,
dass du im Herzen bist,
auch wie ein Kind,
dass du viel Lächeln schickst
in diese Welt,
wichtig ist, du bist für dich
dein größter Held!

Nach der Flut

Plötzlich ist die Flut gekommen
und hat alles mit sich genommen,
doch hat sie über Nacht
die Barmherzigkeit gebracht.

Ein Niemand wurde zum Freund,
zusammen wurde aufgeräumt,
gespendet an Geld wurde viel,
Aufbau heißt das neue Ziel.

Trost und Wärme wurde viel geschenkt,
Gott hat den Menschen hin zum Menschen gelenkt.
Dort wo das Leben nahm seinen normalen Lauf,
hörte die Wasserflut nicht mehr zu fließen auf.

Häuser, Straßen, Gärten
wurden weggeschwemmt,
über Wiesen, Wälder, Felder
war das Wasser nicht gehemmt.

Auch wenn das Wasser alles hat genommen,
ist eines nicht mit der Flut weg geschwommen:
"Das Herz der Menschen" – es wurde weit,
sie möge ewig leben, die gelebte Menschlichkeit.

Der Rückzug

Wenn Worte es vorziehen zu schweigen,
dann gibt es mehrere Gründe.
In jedem Falle ist es ein Rückzug.
Die Frage ist nur:
Wovor?

Rückzug ins große Reich der Stille,
um von da aus zu wirken?
Rückzug um ein Chaos zu verhindern?
Rückzug aus der verbalen Welt?

Rückzug im Schweigen
ist ein Vorwärtsgehen.
Rückzug ist meistens verbunden
mit einem neuen Bewusstsein.

Rückzug kann aber auch Angst sein,
deshalb ist es wichtig,
dass der Rückzug nicht zu einem Rückzieher wird,
der dir den Blick nach vorne verdeckt.

Deshalb schweige im rechten Moment,
damit dein „Rückzug"
dich nach vorne bringt.

Das Gleichnis am Wasser

Je ruhiger du bist,
desto klarer wirkt deine Seele nach außen.
Dein Wesen wird dadurch rein und klar.
Je weniger Wellen – Unruhe
du in dein Leben bringst,
desto einsichtiger wirst du.

Es ist wie mit der Sonne,
die sich im Wasser spiegelt.
Weht kein Wind, ist es windstill,
so siehst du eine Sonne im Wasser.
Bläst jedoch das geringste Lüftchen,
so sind es gleich mehrere Sonnen, die du siehst
und alles, was sich im Wasser spiegelt, wird verzerrt.

Das Wesentliche jedoch ist diese eine Sonne,
die unaufhörlich ruhig aus sich herausstrahlt,
die ewig wärmende, kraftspendende
Energiequelle des Lebens.
Und so ist es auch mit dir:

Das wahre Reine in dir
ist der göttliche Funke.
Konzentriere dich in Stille darauf,
werde ruhig und lasse die bewegten Wellen
von außen nicht in dich hinein,
denn dann wirst du, so wie die Sonne,
ewig strahlend – einfach göttlich.

Geben - das ist Gebet

Wenn ich ständig Gott in mir fühle,
das ist Gebet.

Wenn ich den Gesang der Vögel ehre,
mich daran erfreue, das ist Gebet.

Wenn meine Gedanken in den See der Stille tauchen,
das ist Gebet.

Wenn ein Bettler seine Hand nach mir streckt,
ich sie nehme, das ist Gebet.

Wenn ich meine Arbeit Gott darreiche,
das ist Gebet.

Wenn ich die Blumen als mein tägliches Brot
zur Erweiterung meines Herzens sehe, das ist Gebet.

Wenn ich dich so sein lasse wie du bist,
dich in deiner Art achte,
wie du durch das Leben gehst,
dich in Liebe segne, das ist Gebet.

Wenn du mich so sein lässt wie ich bin,
du deine Hand zum Segen reichst,
so gibst auch du,
das ist Gebet,

"Gebet und Euch wird gegeben".

Gebet einander die Hände zum Gebet,
Gott gibt im Gebet,
was das Gebet gebietet zu geben.

Hast du Zeit?

Hast du Zeit den Sonnenuntergang zu sehen,
das Eintauchen der Sonne in die Nacht?

Hast du Zeit im Vollmondschein zu gehen,
wenn der Mond am Abendhimmel neu erwacht?

Hörst du deinem Atem zu?
Kennst du den Augenblick?

Erlebst du in dir die größte Ruh?
Bringt dir die Stille dein Glück zurück?

Hast du Zeit im Regenbogen dich zu wandeln?
Spürst du seine Farben tief in dir?

Hast du Zeit im Hier und Jetzt zu handeln?
Bist auch du auf dieser Erde hier?

Fühlst du das Leben?
Ladest du das Wunder zu dir ein?

Kannst du Wärme und Liebe geben?
Sind deine Wünsche klar und rein?

Hast du Zeit deine Schritte zu betrachten,
im losen Sand der Ewigkeit?

Hast du Zeit deine Seele zu beachten?
Lebst du in Demut und in Dankbarkeit?

Hörst du den Adler rufen?
Siehst du die Blumen blühen?

Steigst du bewusst über deine Stufen?
Kannst auch du im Feuer der Liebe hell erglühen?

Jeder hat die Zeit und sie heißt Leben,
bewusst zu sein im Augenblick.

Du selbst, du kannst dir alles geben,
in dir ruhig zu sein bringt dir das größte Glück.

Mondsüchtig und Sonnenhungrig

Kann mich nicht entscheiden,
zwischen Tag und Nacht.
So hat mich auf der einen Seite der Mond,
auf der anderen Seite die Sonne angelacht.
Bin hinaus gegangen, ließ mich Nächtens
vom Zauber des Vollmonds fangen.
Doch bald zogen Käuzchen,
Fledermäuse sich zurück
und wache Vogelstimmen
brachten hell das Morgenglück.

Aus Freude hob die Sonne
sich aus ihrem Wolkenbett,
strahlte goldnes Licht auf Blumenfelder,
eine kühle Stille durchdrang dies ganze Land,
ich hatte Sonne und Mond je an einer Hand.
Jeder Augenblick erfüllt von dieser Stimmung,
jedes Atmen geschieht zu Gottes Lob.
Fühle in mir der Schöpfung große Besinnung,
in jenem Moment, in dem die Sonne sich
in meine Mitte hob.

Geschmeidig kühler Morgenwind,
in den Wolkenschlaf legt sich das Mondscheinkind.
Gottes Werk hat es entschieden,
der Mond hat nun den Tag gemieden.
So wandere ich der Sonne entgegen,
fühle diese Stimmung als reinen Segen.
Ein Demutstraum steigt in mir hoch, der sich erfüllt,
ich bin es, darf dies Wunder hier erleben,
ich bin es, diesen wahren Träumen
völlig hingegeben.

Die Eichel

Einst kam eine Eichel vor mir am Boden zu liegen. Ich blieb stehen und sah sie mir an. Da hörte ich plötzlich, wie sie zu mir sagte:

„Was siehst du mich so an?
Bücke dich und hebe mich hoch.
Ich bin nicht umsonst
vom Baum meines Lebens gefallen.
Hör, was ich dir zu sagen habe:

Du fühlst gerade meine Geschmeidigkeit
in deiner Hand
und erfreust dich an meiner Farbe.
Aber ich war nicht immer so rund und glatt.
Einst strahlte ich als Blüte vom Baum,
der vor dir steht.
Tausende waren wir,
im kurvig geformten Blättergewirr.
Bevor ich zur Frucht wurde,
musste ich Stürme, Regenperioden
und Sonnenhitze überstehen.
Tage und Nächte wurden mir zu Reifung gegeben.
Die Sonne trieb mich an,
der Mond lud mich zu Beschaulichkeit ein,
die Schattenwinde kühlten mich,
der Reifungswind stieß mich vom Baum
und zu guter Letzt
sprang beim Aufprall meine Kappe entzwei
und entblößte mich zur weichen,
glatten, geschmeidigen Frucht,
die du nun in deinen Händen hältst.

Nicht jeder von uns hat das Glück,
dass die Kappe springt
und unsere vollkommene Rundung sichtbar wird.
Viele von uns werden gefressen, zertreten
oder einfach nicht gesehen.
Nimm mich mit,
als einen Boten der Natur
und komme nicht auf die Idee
mich auseinander zu schneiden,
ich kann dir nicht mehr offenbaren,
als jetzt in diesem stillen Moment
unserer Begegnung.
Sei gesegnet, du Kind der Stille."

Dankbar für diese Offenbarung nahm ich die Frucht des Eichenbaumes mit zu mir und gab ihr einen besondern Platz. Jedes Mal, wenn ich sie anschaue, erinnert sie mich an ihre wichtigste Botschaft, die ich im Innersten an die höchste Stelle richte:

„Vater,
nur in deinen Händen werde ich rund und still,
werde ich Licht und leise,
verliere ich alle Ecken,
werde ich glatt und genießbar,
lege ich ab alle Wünsche am Baum des Lebens.
Nur durch mein Bemühen,
nur durch deine Gnade
kann die Kappe des Egos brechen
und mich zur reinen Frucht gedeihen lassen.
Vater,
ich bete zu dir um deinen Segen,
dass dein Wille durch mich geschieht."

Und ich vernahm eine Stimme
in dieser friedvollen Stille,
die zu mir sprach:

„Sei unbesorgt mein Kind,
denn ich bin der Baum
und du die Frucht.
Und wenn ich es will,
bist du der Samen,
bist du der Baum,
bist du die Frucht,
denn du bist mein Wille!"

Weg zu sich

Manchmal muss man Wege verlassen,

um den eigenen Weg zu finden.

Es ist nie ein langer Weg,

wenn man am eigenen Weg ist.

Doch der Weg ist endlos,

wenn man sich am Trampelpfad verlaufen hat.

Die Wildnis suchen,

den Pfad der eigenen Natur beschreiten,

das ist der Weg etwas Besonderes zu sein.

Und um besonders zu sein,

braucht man nur so zu sein,

wie man ist!

Über der Stadt

Über der Stadt
schweben Millionen von Gedanken,
die sich um Sorgen
von Millionen Sorgen ranken.

Über der Stadt
liegt der Dunst von einer Wolke
aus Unzufriedenheit,
die unzufrieden die Menschheit entzweit.

Über der Stadt
liegt ein Nebel
von Unwichtigkeiten,
nebensächlichen Nichtigkeiten.

Über der Stadt
leuchtet ein Licht, wer sieht, kann es sehen
und mutig den unzufriedenen Sorgen
aus dem Wege gehen.

Über der Stadt,
weit oben · ist es still, naturbetont.
Der Sucher wird die Stille loben,
von der Natur belohnt.

Unser schenes Mostviertl

In da schenen Bambliahzeit,
wird an alaweu des Herz gaunz weit.
Olle kennans kaum dawortn,
die bliradn Opfi und Birnbamgoartn.

Egal von wo ma schaut,
woher sich nur a jeder traut,
zu Füßen liegt des wundaschene Mostviertllaund,
es is a Teil von unsan Hoamatlaund.

Grüne Wiesn, saunfte Hügl,
Bauern de min Traktor foarn,
liabe Leit und vü Natur,
mit Freid san olle gern dahoam.

Wir haum ka Meer und a kan See,
bis März liegt oft da Schnee.
Doch wauns vorbei is mit da koitn Zeit,
daun is si do ·
die unvergleichboar schene Bambliahzeit.

Es beneidet uns so mauncha Gost,
bei seina kurzen Mostviertlrost.
Aum liabstn möchte´ a jeda bei uns bleibn,
und sich im Mostviertl sei Zeit vertreibn.

Übern Summa san die Bam gaunz grea,
ka oanzige Bliah aum Bam daun mehr,
doch wer da Zeit a wengal lost,
der gfreit si aufn ersten Most.

Im Herbst,
waun die Öpfin und Birn daun obi foin,
gibt's vü,
die die Frucht gleich kostn woin.

Do san die Bauern olle fleißig,
mochn Möste mehr ois dreißig
und bei mauncha gmüatlichen Stund,
treffn sie d´Leit zur Mostbauernrund.

Do wird getrunken und si gfreit,
jo gmüatlich san sie a im Herbst bei uns die Leit.
Und draußn ziagn si die Bamal zruck,
vorbei is für eana daunn da große Druck.

Erleichtert stengan´s do
und werfn a die Blattal oa.
Und waun da erste Schnee daun auf sie foit,
wauns draußn is so bitta koit,

daun bereiten sie stü die Trieabal vor,
fürs nächste goidane Fruhlingsjoar.
In da Natur do hot hoit ois sei Zeit,
schauts nur genau hin ihr liabn Leit.

Es spricht der See

Mensch komm zu mir,
ich trage dich auf meinem Rücken hin zu dir.

Ich wiege dich in sanften Wellen,
die dein Gemüt aufhellen.

1000 Sonnen wirst du sehen
und eine wird für uns am Himmel stehen.

Lasse dich treiben ganz allein,
denn nur so kannst du bei mir sein.

Und wenn du bei mir bist,
um dich die laute Welt vergisst,

so kannst du hören tief in dir,
das ewige Rauschen, welches ist in mir.

Irrsee – Impressionen I

Hörst du die Welle?
Es ist der Wind,
eine rauschende Woge –

DER SEE

er trägt mich fort,
er trägt mich hin.
Ich werde zur Welle im See

ICH BIN

die Welle

ICH BIN

der Wind
treibe ans Ziel geschwind.

ICH BIN

das Ziel,

nicht da, nicht dort,
denn ich selbst bin die Welle
und wiege mich im Winde fort!

Irrsee – Impressionen II

Wenn du mich siehst,
so bin ich grün.

Wenn du mich spürst,
so bin ich kühl.

Wenn du mich fühlen willst,
so bin ich weich.

Nimmst du mich auf in deine Hand,
so zerrinne ich zwischen deinen Fingern,

verliere meine grüne Farbe
und werde so wie deine Hand.

ICH BIN DEIN
Wasser im See!

Wenn du versuchst, mich zu umarmen,
habe ich dich längst umschlungen,

denn ich fließe durch dich
und mache dich zu einem Teil von mir,

sodass du Mensch als Wasser,
zum Flusse deines Lebens wirst

und im See deiner Stille
baden kannst.

Leises Seegeflüster

Zart bewegen die Wellen den stillen See,
der getragen vom tiefen Wasser zu mir leise flüstert:

„Was ist mit dir, mein Kind?
Ich höre leise dein Sehnen,
da du fort von mir musst.
In Freude hast du mich umschlungen,
ich habe dich geliebt.
Erfrischte dein Gemüt,
während deine Seele tief in mir voll Glück gelacht.
Die Fische sind meine Boten für dich,
denn sie sind wie du:
Nicht zu halten, nicht zu fangen,
sie bewegen sich frei in mir,
so wie du mein Kind in zeitloser Freiheit,
sehne auch ich mich nach dir.

Die Sonne, mein Kind, die dir auch gleicht,
die zeig ich dir im Spiegelbild fast unerreicht.
Sie lacht dich an, du bist ganz leis´,
auch wenn deine Tränen mich benetzen,
spür ich, du weinst aus tiefster Seligkeit,
dass ich dich heut getragen,
dass dein Gemüt ich hell erfreut,
doch auch, weil du heute von mir musst.
Mein Kind, ich warte still auf dich.
Mich wird es wieder geben,
zuvor mich noch das Eis bedeckt.
So werd ich still und starr
und bereite mich wie jedes Jahr,
wenn heiß die Sonne zu mir spricht:
„Werde warm, mein See, es werde Licht."

So fügt sich in mir jede Welle dem Lichte zu,
denn ich weiß, mein Kind,
im Sommer, da suchst du mich in aller Ruh.
Wenn du deine Arme um mich schlingst,
so werde ich dich tragen
ohne dich nach der Zeit zu fragen,
wo du fort von mir warst,
denn dein Blick versinkt in mir
wie die Sonne hinter dem Horizont.
Mein Kind, sei nicht traurig,
denn so wie die Sonne wieder kommt,
wirst auch du hier wieder sein,
du – die Seele, alles Glück
All · Ein."

Als ich diese Worte vernommen hatte,
stand ich auf
und rief dem See in Stille noch zu:

„Danke, du mein Seelentröster,
in meinem Herzen schlagen deine Wellen hoch,
sanft umschlingen sie mein Wesen noch.
Wenn ich auch fort von dir,
so hab ich deine Botschaft wohl vernommen,
ich werde zu dir wieder kommen."
So erhob ich mein Haupt
und ließ die Tränen zurück,
im See der Glückseligkeit.

Pappelwind

Der Pappelwind beruhigt meine Sinne,
sie werden unwichtig und ich lasse sie frei.
Der Wind treibt sie fort aus mir.

Mein Herz öffnet sich,
sanftmütiger Pappelwind erfüllt mich
mit gelassener Ruhe und Geborgenheit.

Meine Seele tanzt in mir den Pappelwindtanz.
Sie schwingt und treibt
im Rauschen des Windes.

Als sei ich längst der Wind,
der durch die Pappel zu mir spricht.
Wie jedes Blatt bewegen sich meine Gedanken.

Die schweren fegt der Wind aus mir fort,
die leichten bleiben in mir
und malen wunderbare Gebilde
von Leichtigkeit und Schwerelosigkeit
in den Himmel.

Der Pappelwind gleicht meiner Seele,
die jede Regung wahr nimmt
und beim kleinsten Windstoß erwacht,

um die freien Gedanken des Windes zu hören
und zu fühlen.
Und wenn der Wind still steht,

so klingt er nach in mir und festigt sanft und ruhig
den Frohsinn und die Heiterkeit,
die der Wind durch die Pappel zu mir bringt.

Birkenwind

Wind säuselt durch das Birkenkleid,
als ob die Blätter zu mir sprechen.
Stille Worte vernehme ich.
Sanftmütig streicheln sie meine Seele
-

*Es tut mir gut,
einen Augenblick woanders zu sein
als im Alltag.*

Woanders,
ganz in mir,
ein Augenblick,
vereint mit meiner Ursubstanz.

Ein – und Ausatmen
wird zum Erlebnis
meines eigenen, spürbar
erdverbundenen Daseins.

Grüne Impressionen

Engelaugen,
Flügelschwingen,
Freiheitsvögel,
Sternennacht,
Wolkentürme,
Glitzerpracht,
Blumenwiesen,
Freudentaumel,
Gegenwart,

· sonst keine Pläne ·

Jetztmoment,
im Sonnental,
Wasserberge,
Erdenhimmel,
Feuerrosen stachellos,
Ursprungsstille,
Schöpferwille,
traumverloren,
aufgewacht.

Am Berg

Hoch am Berg über allen Dingen,
hörst du die Lebensmelodie erklingen.
Du vergisst die schwere Last,
die du im Tal am Rücken hast.

Überhaupt kommt es dir vor,
der Berg bringt neue Dimensionen hervor.
Am Berg kannst du vergessen und verzeihen,
dir Würde, Kraft und Macht verleihen.

Große Probleme werden winzig und klein,
am Berg bist du mit dir allein.
Da kannst du atmen und verstehen,
dir selber stark entgegen gehen.

Lerchenruf

Ich folge dem Ruf der Lerche,
sie führt mich raus durch Feld und Flur,
vergessen lässt sie Wintertage,
als sei es ewig Frühling nur.

Es glänzen die Wiesen,
grün und satt,
die Sonne bringt Wärme,
als ob sie ewig schon geschienen hat.

Vorbei ist der lange Winter,
aus der weiße Traum,
Flügelschwingen entfalten sich,
wie blütenvoll der Baum.

Das Blumenkind

Es ist noch nicht lange her,
da fand ich ein Blumenkind mitten im Blumenmeer.
Leise habe ich sein Summen vernommen,
um es besser zu hören bin ich näher gekommen.
Das Blumenkind erzählte mir von seinem Leben,
es möchte durch diese Worte die Botschaft ihres
Lebens an die Menschen weitergeben:

„Sieh mich an, du Menschenheld,
denn ich bin der Spiegel deiner Welt.
Ihr liebt die Blumen in allen Farben wie wir sind,
ihr reißt uns ab schon als Kind.
Zur Freude eurer Herzen
sind es unsere Schmerzen.
Wir blühen selbstlos für der Liebe Dankbarkeit,
wir opfern unser Leben für eure Herzens Heiterkeit.
Wir zeigen euch wie wunderschön Erblühen ist,
so wie die Sonne, die euch nie vergisst.
Für Frieden lassen wir von euch uns brechen,
nur die Rosen werden euch dabei stechen,
damit ihr nie vergesst, wie gut die Liebe tut,
wir Blumen schenken euch
Hoffnung, Vertrauen und Mut.
Auch Verzeihen ist unsere Stärke auf dieser Welt,
dann, wenn euer Verstand
sich eurem Herzen entgegenstellt.
Für viele Feiern,
lustig, traurig aller Art,
stehen wir bereit,
manchmal, da ist es hart.
Denn wir werden betrachtet,
kurz geliebt und bestaunt.
Eure Zeit der Freude ist uns oft schlecht gelaunt.

Schnell welken wir vor uns dahin
und fühlen doch –
unser Leben ist ein Gewinn.
Denn einmal nur die Herzen hoch erfreut,
zu blühen, um in Freude zu sterben,
haben wir noch nie bereut.
Fühlt doch einmal nur wie eine Blume blüht,
es ist wie wenn ihr aus euren Herzen
um Frieden euch müht.
Wenn eure Lebenskraft dadurch erstrahlt,
ist es Gott, der euch die schönsten Blumen malt.
So seid dankbar, dass es uns Blumen gibt
und schenkt uns nur,
wenn ihr aus ganzem Herzen liebt.
Denn nur wenn wir in und aus Liebe gegeben,
opfern wir gerne für euch unser Leben.
Achtet darauf, wie ihr uns Blumen behandelt,
denn das „Wie" euren Fortschritt wandelt.
Könnt ihr unsere Aufgabe in der Liebe sehen,
so werdet ihr in eurer Welt
mit allen diesen Weg der Liebe gehen.
Deswegen sind wir Blumen der Spiegel deiner Welt.
Ich glaube, du hast es begriffen,
du Blumenkind und Menschenheld.

Im Rosenland

Wer hat die Rose gestochen,
dass sie nicht mehr stechen kann?

Wer hat die Rose gebrochen,
dass sie nicht mehr brechen kann?

Wer hat den Rosengarten vernichtet,
die Rosen einfach hingerichtet?

Warum müssen Rosen verblühen,
wo Rosen doch so gerne blühen?

Wo ist der Rosenhüter,
der Rosen Liebesvergüter?

Frage nicht,
sieh den Rosensonnenschein am Horizont,
es ist dort, wo jede Rose wohnt.

Dort, wo Rosen blühen,
im Morgenrot rot glühen.

Dort, wo Rosen stechen,
für niemand andern brechen,

als für ihr Lebensende,
nach gelebter Lebenswende.

Dort, wo keiner richtet,
niemand sie vernichtet.

Dort ist das Rosenland,
am Ende dort, am Weltenrand.

Seelenlandschaften

Das Tor der Seele öffnet sich, an der Grenze
zwischen Leben und Leben. Du siehst deine
Lebensabschnitte, deine Seelenlandschaft
offenbart sich vor dir:

Da siehst du tiefe Furchen,
sanfte Hügel, tiefe Wasser.

Ausgetrocknete Sümpfe,
zu Eis erstarrtes Wasser.

Abgemähte Wiesen,
vertrocknete Blumen.

Ungeöffnete Knospen,
beinahe unüberwindbare Dschungelgefühlswelten.

Teile, die von Hochwasser zerstört,
ausgebrannte Wälder, zertrampelte Pfade

und unendliche Weite von Schönheit und Harmonie,
deren Wege noch neu für dich sind:

Zu querende Flüsse,
Menschen, deren Umrisse im Nebel
der Unendlichkeit nur erahnbar sind.

Hohe Türme von unsagbaren
Aussichtsmöglichkeiten.

Lichtwelten von gleißenden Lichtern,
Regenbögen in Hülle und Fülle.

Berge voll Gefühlsblumen,
Seen voll Emotionen.

Sterne voll Hoffnungsfunken,
Feuerwerke voll Dankbarkeit.

Und bevor sich das Tor
vor deinem inneren Auge wieder schließt,

erscheint ein Schild,
auf dem steht:

*„Es ist nie wirklich zu Ende,
wenn du den Mut hast weiter zu gehen!"*

Ein Trost für jetzt und für immer.

Leben als Kunst – Kunst als Leben

Es gibt Lieder,
die atmen pure Lebensphilosophie
und Gedichte, die sagen
mehr als jede Fantasie.

Es gibt Bilder,
die sprühen von seltener Lebenskraft
und Melodien, die schwingen,
in schwereloser Gedankenkraft.

Ein solches Lied,
das singe ich für dich,
so ein Gedicht,
das schreibe ich für mich.

So ein Bild,
das male ich mir,
so eine Melodie,
komponiere ich dir.

Wir leben um zu leben
und nicht, um zu funktionieren,
die lebende Kunst kann uns geben,
was künstliche Systeme ignorieren.

In jedem Menschen ist
ein Künstler mitgeboren,
doch mancher Mensch, der hat ihn
im Stumpfsinn glatt verloren.

Strahlen wir wie die Sonne,
die am Himmel lacht,
malen wir die Wonne,
die aus uns bunte Menschen macht.

Besingen wir die Lieder,
wo jedes Wort in unseren Herzen lacht
und dichten wir immer wieder,
wo die Realität ihre Lücken macht.

Zu Ehren des Gedichts

Ein Gedicht
ist wie eine Fotografie,
gelegt in Poesie.

Gehüllt in wortfeinen Seidenglanz,
voll Tiefe, würdevoller Eleganz.
Von der Dichterseele inspiriert,
mit allen Sinnen sinnliiert.

Ein Gedicht
gibt frei, was mancher spürt,
lässt los, was das Gemüt berührt.

Momente gefüllt von Sinnlichkeit,
volles Tun in gnadenvoller Einsamkeit.
Der Dichter lebt, der Dichter schreibt,
kein Wort, das von ihm über bleibt.

Ein Gedicht
ist wie ein Diamant,
strahlend, leuchtend und charmant.

Auch kann es manchmal warnend sein,
jede Botschaft, ist sie noch so klein,
die holt der Mensch sich frei, wenn er bereit,
denn aus dem Herzen, ein Gedicht befreit.

Mit dem Herzen

Sehen mit dem Herzen,
was das Auge nicht sieht.

Sprechen mit dem Herzen,
was der Mund nicht weiß.

Hören mit dem Herzen,
was für die Ohren unhörbar.

Tun mit dem Herzen,
weil die Hände alleine es nicht tun.

Fühlen mit dem Herzen,
was dem Verstand verborgen bleibt.

Sein mit einem starken Herzen,
von edlem Charakter,
das all dies erfüllt!

Ozean des Lebens

Liebe als Motivation ist das Schiff,
das über den Ozean des Lebens segelt.

Wahrheit ist das Segel,
das immer ist
und von keinem Sturm gebrochen werden kann.

Friede ist der Wind,
der in die Segel bläst.

Die Ruder und das Steuerrad sind das Werkzeug,
um die vorgegebene Richtung
des Steuermannes beizubehalten.

Die Einstellung und die Reaktion des Kapitäns
verhindert das Auflaufen
auf abschätzbare Sandbänke
und Zusammenstöße mit Hindernissen,
die immer wieder im Meer des Lebens auftauchen.

Wer nicht liebt,
treibt vergebens im Meer.

Wer auf das Segel nicht vertraut,
wird in den Sog der Verzweiflung gezogen.

Wer den Wind nicht spürt,
hat nicht wirklich gelebt.

Wer die Ruder nicht anpackt
und das Steuerrad nicht nach dem Willen
des Steuermannes anwendet,
gelangt nicht zur Quelle.

Es ist einfach die Pflicht eines Kapitäns,
sich selbst und die Mannschaft
sicher nach Hause zu bringen.

Die Welt ist voller Kapitäne und Mannschaften.
Gut, dass es nur einen Steuermann gibt,
der über alles die Sicht behält.

Gedanken beim Aberseeblick

Wo sind die stillen Tage?
Der Mensch macht so viel Lärm.
Wird es für ihn bald selbst zur Plage,
wenn er nicht kann die Stille hörn?

Wie war es wohl vor über hundert Jahren,
wie gerade mal das Auto wurde erzeugt?
Einzeln sind sie nur gefahren,
der Mensch hat sich vor der Natur gebeugt.

Wohin wird diese Vertechnisierung noch führen?
Macht sie eines Tages gar den Menschen stumm?
Wer kann den Bruder Baum noch spüren?
Wann kehrt er endlich wieder um?

Der Mensch in Masse kann es nicht sagen,
viel zu bequem, dem Fortschritt hingewandt,
doch der Einzelne, der kann es wagen,
der Natur voll hingegeben,
dem Lärm völlig abgewandt.

Noch muss man diese Plätze suchen,
wo die Natur ihr Wort erhebt,
bei sich muss man die Zeit selbst buchen,
wo man sich mit der Natur als Eins erlebt.

Stelle das Leben auf den Kopf

Hast du dich schon einmal gefragt, wie deine Lebensbilder anders erscheinen, wie die Farben sich ineinander mischen und zu neuen viel schöneren Farben werden, wenn du so manches auf den Kopf stellst, oder du selbst dich einfach auf den Kopf stellst?

Wenn du missmutig durch die Gegend läufst,
stelle dich auf den Kopf,
damit man dein Lächeln sieht.

Wenn du zu viel von oben hinab schaust,
dann stelle dich auf den Kopf
und schau dich an, von unten nach oben.

Wenn dein Leben zu dunkle Farben trägt,
dann habe den Mut und schau in dich,
wie bunt du eigentlich wirklich bist.

Wenn dir kalt ist und du einsam bist,
dann hülle dich in eine Decke und fühle,
wie geborgen du in dir selbst bist.

Wenn du an deiner Schönheit Zweifel hast,
betrachte dich von innen,
denn so wie Innen so Außen.

Wenn du Komplimente vermisst,
dann lobe einen guten Freund
oder einen fremden Menschen,
denn es geschieht dir, was du anderen tust.

Wenn du keine Zeit für dich hast,
dann lege deine Uhr ab
und gehe nach der Sonne.

Wenn du Sehnsucht
nach deinem besten Freund verspürst,
dann folge dieser Spur,
sie führt dich direkt vor seine Tür.

Wenn du das Bedürfnis nach Liebe hast,
dann packe die nächste Gelegenheit beim Schopf
und tu einem anderen Lebewesen Gutes.

Wenn es dir zu laut ist,
dann suche dir einfach ein stilles Plätzchen
und genieße dein allein sein.

Wenn es dir zu dunkel ist,
dann dreh dir einfach ein Licht auf
und zünde die Kerze in deinem Herzen an.

Um dein Leben auf den Kopf zu stellen, brauchst du einfach immer nur das Gegenteil zu tun, von dem was du gerade bist oder hast. Egal wie du stehst, auf dem Kopf oder auf deinen Beinen, ob du auf dem Bauch oder auf deinem Rücken liegst. Ob du den Boden oder die Sterne siehst, denke immer daran, wie wunderbar du bist. Wenn du es bis jetzt verabsäumt hast, dir zu gefallen wie du bist, dann fange jetzt damit an!

Werde immer da nur sein...

Dort wo die Sonne nie scheint,
wird keine Wolke sich lösen.
Wo Menschen sich entfremden,
bin ich nicht zu Haus.

Dort wo der Mond nur weint,
wird kein Stern je leuchten.
Wege, die ins Nichts zerfallen,
werd ich nicht begeh´n.

*Werde immer da nur sein,
wo Gefühle stärker als Blitze und Donner leben,
wo ein Lächeln auch noch strahlen kann,
wo die goldenen Brücken
sich zwischen den Wegen erheben.*

Dort wo die Wüste ist wie Eis,
wird Wärme sich erkälten.
Wo Flüsse im Nu versiegen,
werde ich niemals sein.

Dort wo Blumen nie blühen,
wird kein Schmetterling je fliegen.
Wo Träume plötzlich entschweben,
holt mich des Lebens Flut.

*Werde immer da nur sein,
wo Wahrheit stärker ist als Angst,
wo Rosen blühen, wenn Liebesfeuer glühen,
wo der Weg nach vorne doch nur Hoffnung ist.*

Dort wo Nebelwände die Sicht verstellen,
stellt die Sicht sich niemals vor.
Wo Türen sich nicht öffnen,
würde alles Sein in mir erfrieren.

Dort wo Schatten nie erhellt,
wird kein Leben sich je finden,
wo Dunkelheit vor das Licht sich stellt,
wird mein Leuchten mich niemals überwinden.

Werde immer da nur sein,
wo Licht auch den Schatten erfüllt,
wo die Musik des Friedens erklingt,
wo sich in mir der Sinn des Lebens enthüllt.

Dort wo Atem nicht mehr atmen kann,
erstickt die Luft im Raum.
Wo Sprache laut ist und betäubt,
wird er nie zu hören sein, mein Traum.

Dort wo ein Mensch nicht singen darf,
wird keine Seele sich nur spüren.
Wo der Himmel sich vor der Erde verschließt,
wird mein Lebensraum nicht sein.

Werde immer da nur sein,
wo der Himmel auf Erden in mir blüht,
wo Sterne funkeln in tiefer dunkler Nacht,
wo die Schöpfung in mir ständig neu erwacht.

Dort wo ein Stein auf einen anderen schlägt,
wird Liebe sich niemals bücken.
Wo das Glück aus Unglück flieht,
gibt es nichts, was mich jemals sieht.

Dort wo ein Mensch einen neuen Tag
nicht seinen nennt,
verschwindet das Glück in der Not.

Wo ein Kind nicht Kind sein darf,
trinke ich nicht mein Wasser,
esse nicht mein Brot.

Werde immer da nur sein,
wohin das Meer der Liebe mich führt,
wo ich fühlen darf und leben,
wo die Sonne nach dem Regen kommt.

Dort wo Berge den Horizont nicht berühren,
wird der Anfang niemals sein.
Wo dunkle Mächte sich erheben,
wird kein Leben jemals leben.

Dort wo Freund sein heißt, ein Fremder sein,
werde ich mich niemals finden,
wo Harmonie durch Stolz zerstört,
werde niemals ich mich binden.

Werde immer da nur sein,
wo deine Stimme mich erreicht,
wo Reden im Schweigen sich erfüllt,
wo Augen sich öffnen nach Innen ganz weit,

um zu schauen, wer ich bin,
um zu glauben, was ich bin,
um zu finden, das ich bin,
der Regenbogen hin zu mir zu jeder Zeit,
als Brücke und als Weg,
zum Leben meines Lebens
werde immer da nur sein, tief in mir.

Zu Hause

Zu Hause brennt ein Licht,
es wartet still auf dich.

Zu Hause ist ein Herz,
es schlägt und pocht für dich.

Zu Hause heißt geborgen sein,
fühlen, lachen, geben,

nehmen,
manchmal traurig sein,

hoffen, landen, atmen,
immer wieder glücklich sein.

Zu Hause kommt man bei sich an,
bei Freunden und bei Herzensmenschen,

denn was einmal im Geiste ist,
das bleibt ja doch für alle Zeit.

Zu Hause brennt ein Licht,
von dir entzündet und gewollt,

damit nach langen oder kurzen Wegen,
du immer findest deinen
wohlverdienten Heimkehrsegen.

powered by:

Raiffeisen.
Meine Bank in Haidershofen.

Gemeinde Behamberg NÖ
Der Berg meiner Heimat